Kalligrafisch Zeichnen

Die englischsprachige Ausgabe dieses Titels erschien 2018 unter dem Titel „Calligraphic Drawing" bei Rockport Publishers, einem Imprint der Quarto Group.

Cover: Schin Loong
Fotos: Shutterstock
Illustrationen: Schin Loong

Aus dem Englischen von der MCS Schabert GmbH, München, – www.mcs-schabert.de – unter Mitarbeit von Jürgen Brust M. A. (Übersetzung).

Bibliografische Information der Deutschen Nationalbibliothek
Die Deutsche Nationalbibliothek verzeichnet diese Publikation in der Deutschen Nationalbibliografie; detaillierte bibliografische Daten sind im Internet über http://dnb.dnb.de abrufbar.

Printed in China

www.stiebner.com

ISBN 13: 978-3-8307-1452-1

Wir produzieren unsere Bücher mit großer Sorgfalt und Genauigkeit. Trotzdem lässt es sich nicht ausschließen, dass uns in Einzelfällen Fehler passieren. Unter www.stiebner.com/errata/1452-1.html finden Sie eventuelle Hinweise und Korrekturen zu diesem Titel. Möglicherweise sind die Korrekturen in Ihrer Ausgabe bereits ausgeführt, da wir vor jeder neuen Auflage bekannte Fehler korrigieren. Sollten Sie in diesem Buch einen Fehler finden, so bitten wir um einen Hinweis an verlag@stiebner.com. Für solche Hinweise sind wir sehr dankbar, denn sie helfen uns, unsere Bücher zu verbessern.

FSC www.fsc.org
MIX
Papier aus verantwortungsvollen Quellen
FSC® C016973

Kalligrafisch Zeichnen

Schin Loong

Inspirationen und Schritt-für-Schritt-Anleitungen für schwungvolle Motive

stiebner

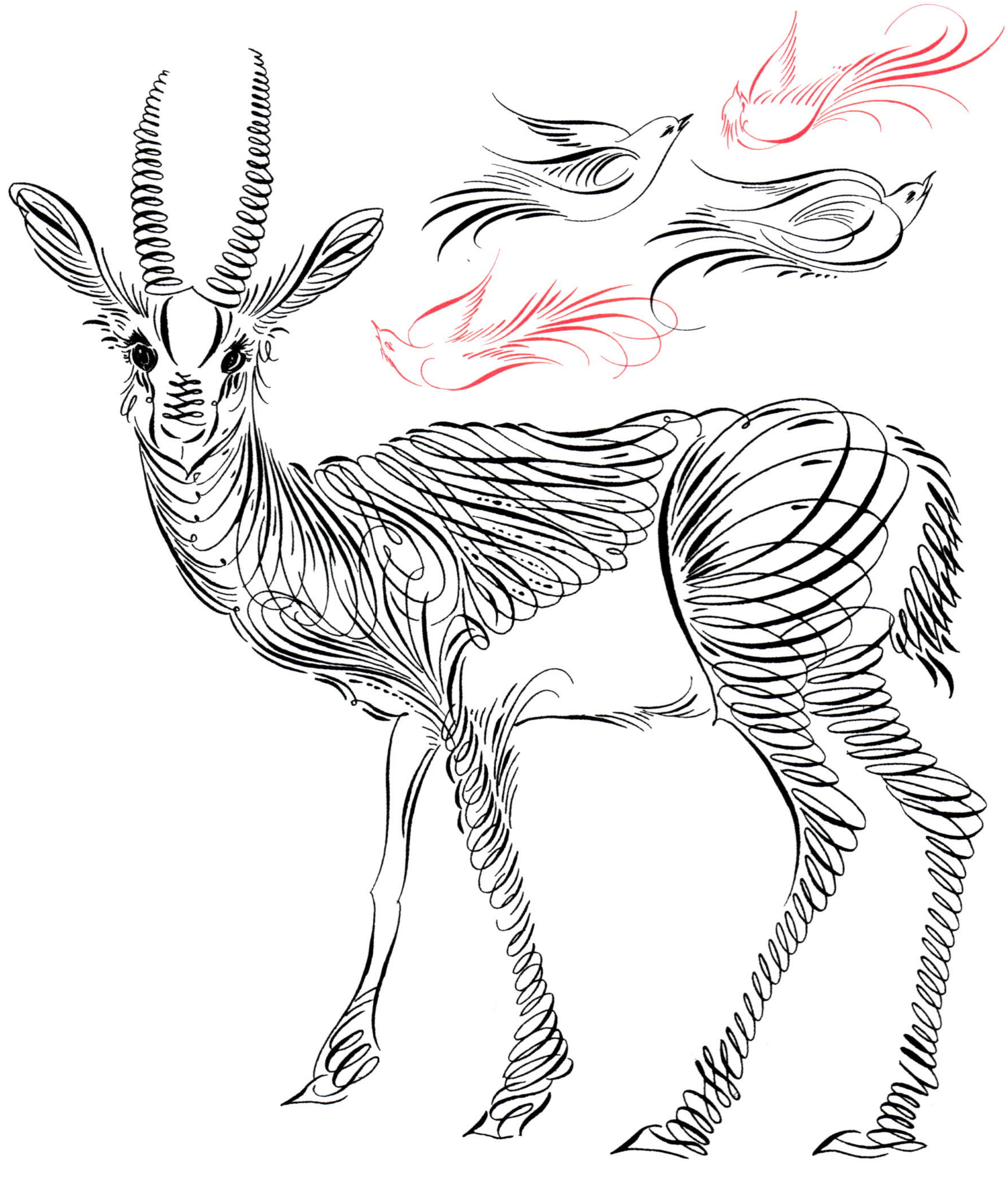

INHALT

EINLEITUNG

Als Teenager stöberte ich zum Zeitvertreib in einer Kunsthandlung, als mir eine merkwürdige Zeichnung eines Vogels ins Auge fiel. Er bestand nur aus Strichen, eine zarte Zeichnung aus Linien und Bogen, so kunstvoll arrangiert, dass der Vogel künstlich und lebendig und vor allem wunderschön wirkte. Ich war begeistert und glaubte, dass der Künstler ein Genie in Adobe Illustrator war, der mithilfe des umfangreichen Werkzeugkastens diese präzisen Muster sorgfältig bemessen und arrangiert hatte. Ich dachte noch: „Diese digitalen Künstler machen heute die tollsten Dinge“, während ich das Buch weglegte.

Viele Jahre später verfiel ich der Kalligrafie. Als ich die Arbeiten von Meistern des 19. Jahrhunderts recherchierte, stieß ich erneut auf diese bezaubernden Vögel! Sie können sich meine Überraschung vorstellen, als ich erkannte, dass diese Vögel nicht wie vermutet am Computer entstanden sind, sondern kalligrafische Zeichnungen waren, die von Menschenhand mit Feder und Tinte vor über 100 Jahren geschaffen worden sind.

Ich war fasziniert. Nach weiteren Recherchen fand ich eine ganze Menagerie dieser gezeichneten Vögel und anderer Tiere aus dem 19. Jahrhundert. Ich erfuhr, dass die alten Meister sehr schnell zeichneten. Manchmal waren sie nach wenigen Minuten fertig. Minuten! Wie viel Zeit man doch braucht, bis man seine Software eingerichtet hat!

Ich war überwältigt. Wie kann man mit einer simplen Stahlfeder so lebendige Kunstwerke entwerfen? Meine Leidenschaft war erwacht. Ganz gleich, wie viel Tinte ich verbrauchen würde, ich wollte das lernen und solche Vögel selbst zeichnen.

Und nun halten Sie ein Buch in Ihren Händen, das Ihnen hilft, sich die Kunst des kalligrafischen Zeichnens selbst anzueignen. Die Grundschritte für die Striche sind einfach, aber mit jedem neuen Muster und Strich sehen Sie, wie Ihre Zeichnungen sich entwickeln und zu komplexen, wunderschönen Kompositionen werden. Sie werden vielleicht anders vorgehen als ich, aber das macht diese Zeichnungen ja so besonders. Jede ist ein einzigartiges Werk des Künstlers. Ich hoffe, dieses Buch gefällt Ihnen.

KAPITEL EINS

WERKZEUGE UND MATERIALIEN

Sie kennen vielleicht den Ausspruch „Ein schlechter Handwerker schiebt die Schuld stets auf sein Werkzeug". Für uns gilt das natürlich nicht. Die richtige Feder ist schon die halbe Miete. Wenn also etwas schiefgeht, können wir die Schuld zu Recht auf das Werkzeug schieben. Unsere Kunst hängt so stark von präzisen Strichen ab, dass minderwertige Federn, Tinte oder Papier alles ruinieren können. Es ist schon schwer genug, eine neue Kunstform zu beherrschen, da braucht man nicht auch noch Frustrationen durch falsche Werkzeuge.

WAS SIE BENÖTIGEN

Hier sehen Sie meine bevorzugten Federn, Tinten und Papiere. Sie können natürlich andere Produkte verwenden.

SPITZFEDERN

Bei den Federn gibt es eine Menge verschiedener Marken und Typen. Einige davon beschreibe ich hier. Besorgen Sie sich möglichst mehrere von jeder Art, um Ihre Lieblingsfeder herauszufinden. Schließlich werden Sie diese regelmäßig ersetzen müssen. Federn halten nicht sehr lange. Wenn die Striche zu dick oder zu kratzig werden oder die Feder mehr als üblich kleckert, ist sie abgenutzt und muss ausgetauscht werden. Wie schnell das geschieht, hängt von der Häufigkeit der Benutzung ab.

Eine neue Feder muss erst einmal mit Reinigungsalkohol oder Spülmittel behandelt werden, um die im Werk aufgetragene Ölschicht zu entfernen. Lassen Sie nie Wasser oder Tinte auf der Feder trocknen. Da sie aus Stahl ist, rostet sie schnell.

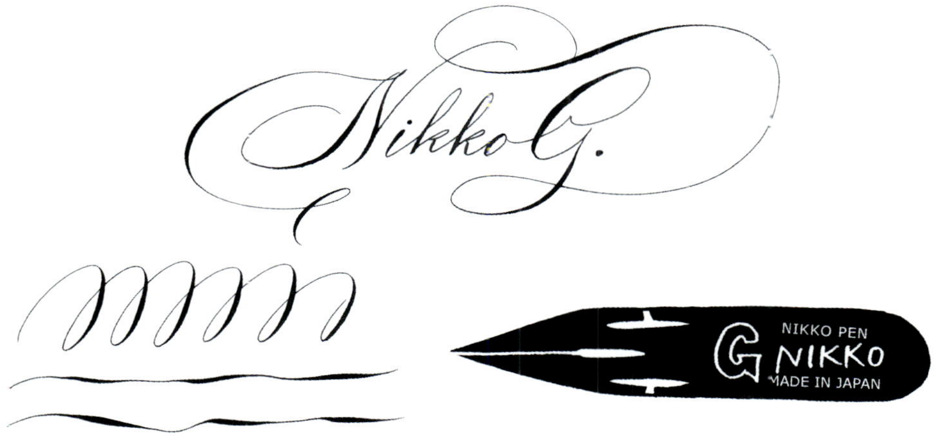

NIKKO G

Diese Federn sind ideal für Anfänger.
Sie sind benutzerfreundlich und relativ preisgünstig. Zudem sind sie recht groß. Wenn Sie noch keinen Federhalter besitzen, kaufen Sie einen, in den Ihre Nikko G passt.

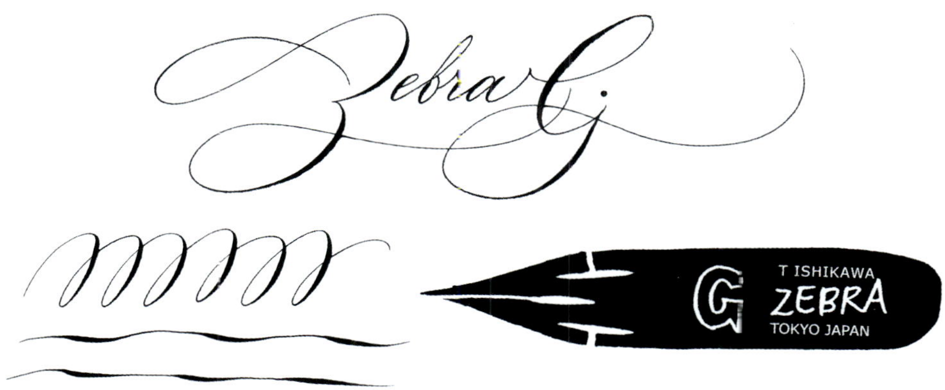

ZEBRA G

Sie ähnelt der Nikko G, ist aber flexibler und etwas haltbarer. (Und ich mag den goldenen Farbton!). Wie die NIkko G ist die Zebra G anfängerfreundlich und preisgünstig.

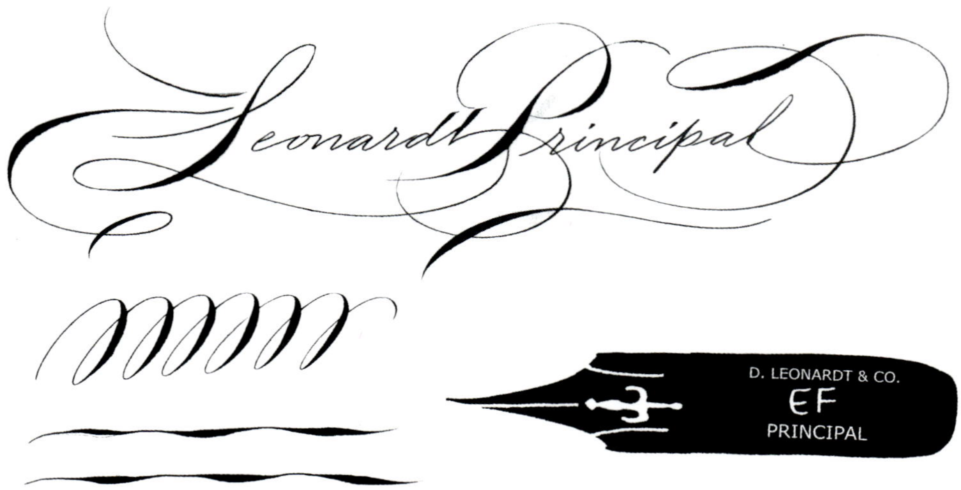

LEONARDT & CO. EF PRINCIPAL:
Mit diesen wundervoll flexiblen Federn schaffen Sie dramatische Variationen dicker und dünner Linien. Sie eignen sich ideal für Verzierungen, sind aber etwas heikel in der Handhabung, weil die extrem scharfe Spitze bei Aufstrichen leicht hängen bleibt. Wenn man sich an spitze Federn gewöhnt hat, sind sie aber sehr empfehlenswert.

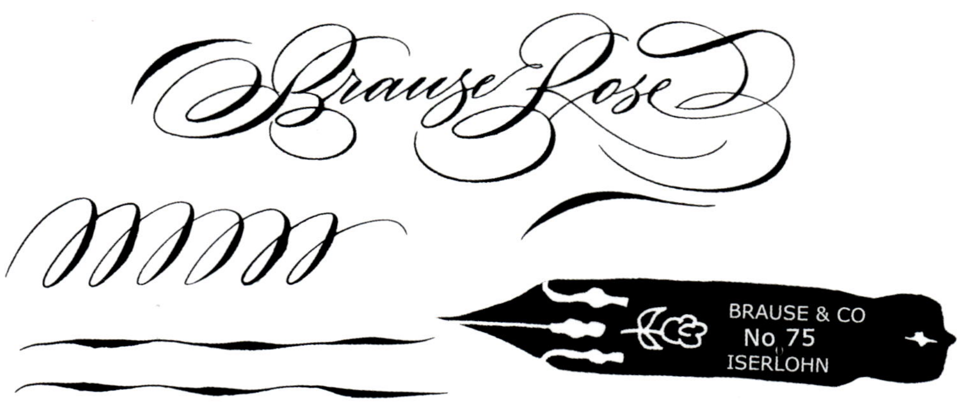

BRAUSE & CO. NO. 76 (ROSE):
Diese Federn sind sehr flexibel, und man kann in einem Strich sehr dicke Linien ziehen. Ich benutze sie für größere Werke und fettes Lettering.

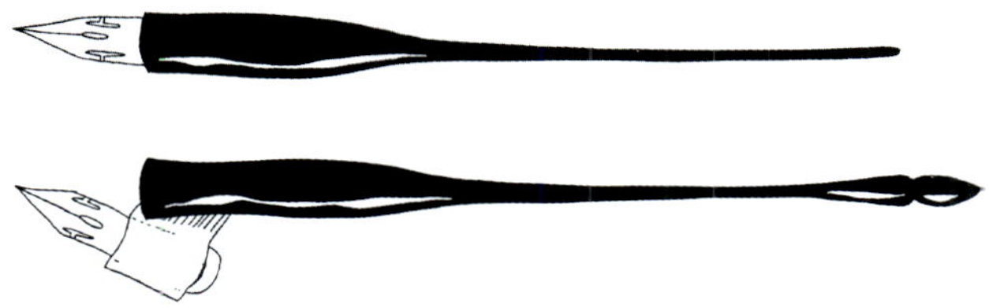

FEDERHALTER

Wenn Sie Ihre Feder gefunden haben, benötigen Sie auch einen Federhalter. Ich empfehle einen geraden und einen schrägen Federhalter. Schräge Federhalter haben einen Flansch, der die Feder an der Seite des Halters hält. (Wählen Sie einen Metallflansch, weil dieser einstellbar ist.) Schräge Federhalter werden überwiegend für das kalligrafische Schreiben eingesetzt, aber ich benutze sie gelegentlich auch für Verzierungen. Probieren Sie beide, um festzustellen, welcher besser in Ihrer Hand liegt.

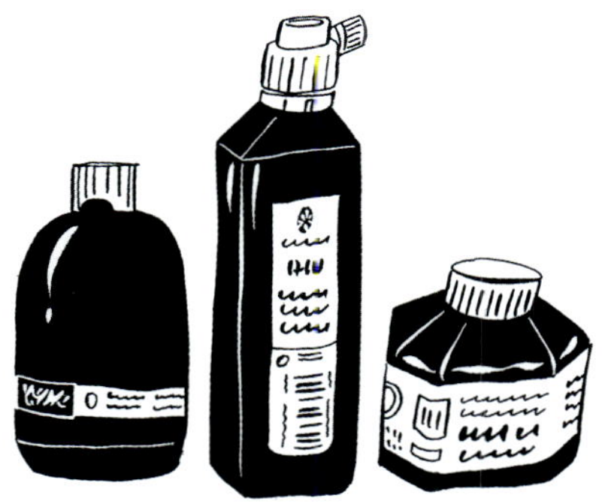

TINTEN UND TINTENFÄSSER

Für Ihre Tinte brauchen Sie ein Tintenfass. Dazu eignet sich jeder kleine Behälter mit einer weiten Öffnung. Ich nehme gern flüssige Sumi-Tusche in Flaschen. Ihr wunderbares Schwarz eignet sich vorzüglich für die Kalligrafie. Geben Sie etwas Tusche in das Tintenfass und etwa 30 Prozent Wasser dazu. Das Wasser verdünnt die Tusche, sodass sie richtig fließt. Der einzige Nachteil ist die Verschmutzungsgefahr. Achten Sie darauf, nichts zu verschütten; das Reinigen ist eine Quälerei! Und lassen Sie nie Tusche auf der Feder antrocknen. Sie bildet eine trockene Kruste, die Ihre Zeichnungen und Ihre Schrift beeinträchtigt.

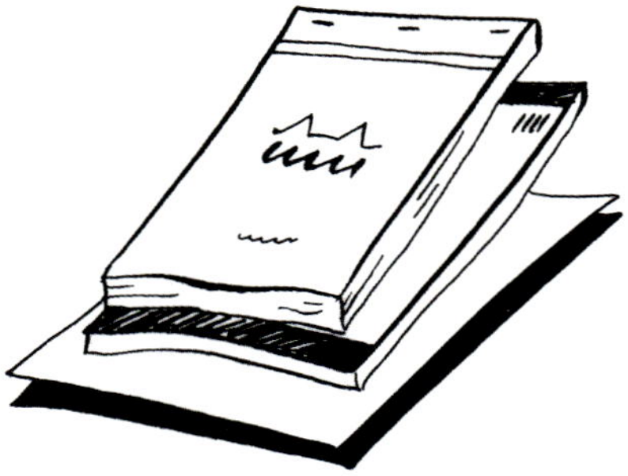

PAPIER

Beim Papier ist die Wahl am schwierigsten. Hier hängt es wirklich vom persönlichen Geschmack ab. Ich persönlich bevorzuge Rhodia-Blöcke, aber Sie können alle Zeichenpapiere, Layoutpapiere, Skizzenbücher oder Kalligrafieblöcke probieren. Gutes Kopierpapier funktioniert auch, aber meiden Sie billiges Papier vom Discounter, denn das Verlaufen der Tinte und das Reißen können Sie in den Wahnsinn treiben.

TIPP

Das meiste Geld gebe ich für Papier aus, denn schlechtes Papier sorgt für die meisten Probleme bei der Kalligrafie.

WAS SIE NOCH BENÖTIGEN

Einen großen Behälter mit sauberem Wasser. Spülen Sie Ihre Feder regelmäßig darin aus. Sumi-Tusche besteht aus Holzkohle, und das Zeug ist extrem schmutzig. Sumi-Tusche sollte nie an der Feder antrocknen, und das kann sehr schnell geschehen. Wenn das Wasser im Behälter dunkel und schmutzig ist (was ganz schnell geht), sollte es ausgetauscht werden, denn sonst spülen Sie die Feder in Holzkohlewasser.

Küchenpapier: Nach dem Spülen muss die Feder sofort abgetrocknet werden. Lassen Sie nie Wasser (oder Tinte) an der Feder antrocknen, denn sonst rostet sie.

TIPP

Habe ich es schon gesagt? Lassen Sie NIE die Tinte an der Feder antrocknen.

LÖSUNGEN FÜR PROBLEME

Hier sind ein paar Antworten auf oft gestellte Fragen.
Vielleicht können sie Ihnen bei Problemen helfen.

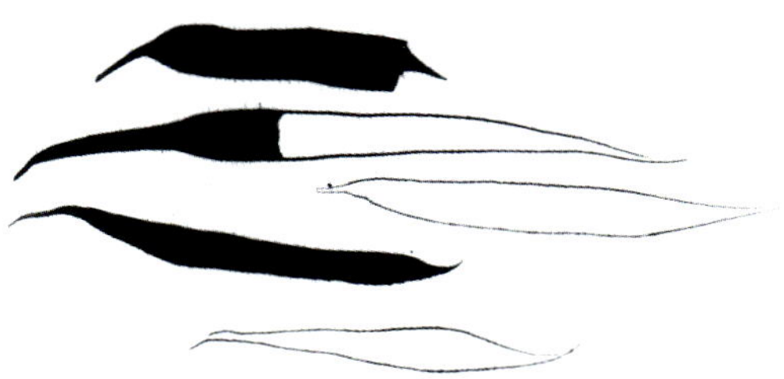

Frage: Meine Tinte fließt nicht von der Feder.

Antwort: Die Feder ist verschmutzt oder verölt. Beides verhindert den Fluss der Tinte. Rühren Sie die Feder in sauberem Wasser und trocknen Sie sie mehrfach mit sauberem Papier oder einem Tuch ab. Berühren Sie die Federspitze nicht mit den Fingern, selbst das Fett der Haut kann den Fluss der Tinte stören. Fließt die Tinte immer noch nicht, entfernen Sie die hartnäckigen Öle mit Reinigungsalkohol oder Spülmittel. Die Tinte darf auch nicht zu zäh- oder dünnflüssig sein. Geben Sie dann entsprechend etwas Wasser oder Tinte hinzu.

Wenn die Tinte immer noch nicht fließt, sehen Sie sich die Feder genauer an. Die Federschenkel müssen genau parallel zueinander stehen. Ist ein Schenkel abgespreizt, können Sie die Feder wegwerfen. Abgespreitzte Schenkel entstehen, wenn man zu viel Druck ausübt oder die Feder fallen lässt. Das kann schon einmal vorkommen. Hier lässt sich nichts mehr machen. Jeder Versuch führt nur zu Frustrationen. Werfen Sie die Feder weg und nehmen Sie eine neue.

Frage. Meine Feder bleibt bei Aufstrichen am Papier hängen und kleckert dann.

Antwort: Das passiert mir gelegentlich auch noch. Sie können etwas ausprobieren, um das Kleckern zu reduzieren. Achten Sie zunächst einmal darauf, die Feder nicht zu steil zu halten. Je steiler der Winkel, desto eher bleibt die Feder hängen. Wählen Sie

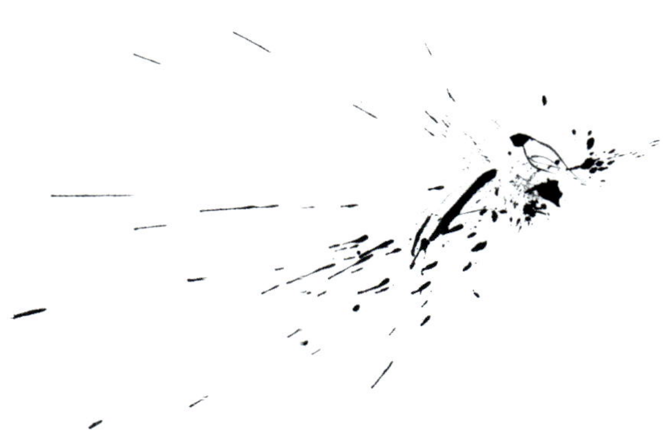

deshalb einen etwas flacheren Winkel. Dann prüfen Sie, ob Ihr Papier nicht zu porös ist. Poröses Papier mit faseriger Struktur fördert natürlich das Kleckern. Schließlich achten Sie darauf, dass die Feder nicht zu alt ist. Federn können durch Abnutzung sehr scharf werden. Das kann zum Festhaken am Papier und anderen merkwürdigen Verhaltensweisen führen. Tauschen Sie Ihre Federn regelmäßig aus, je nachdem, wie oft Sie üben. Versuchen Sie auch, etwas langsamer zu arbeiten. Wenn Sie zu schnell über das Papier fahren, bleibt die Feder eher hängen. Wenn Sie langsam und achtsam vorgehen, merken Sie rechtzeitig, dass die Feder hängen bleiben wird und können vorher anhalten.

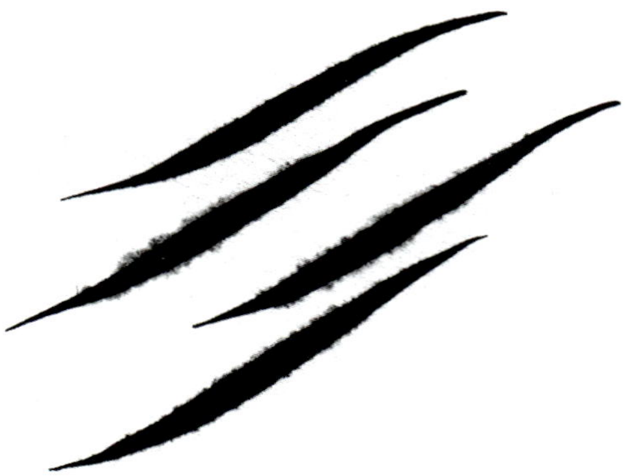

Frage: Die Tinte franst aus und verläuft auf dem Papier.

Antwort: Hier gibt es zwei Möglichkeiten. Entweder ist das Papier zu porös oder die Tinte zu dünn. Wechseln Sie das Papier oder geben Sie etwas mehr frische Tinte in das Tintenfass. Sie können auch etwas Gummi arabicum in die Tinte geben, wenn Sie davon haben. Ich würde aber zunächst das Papier wechseln.

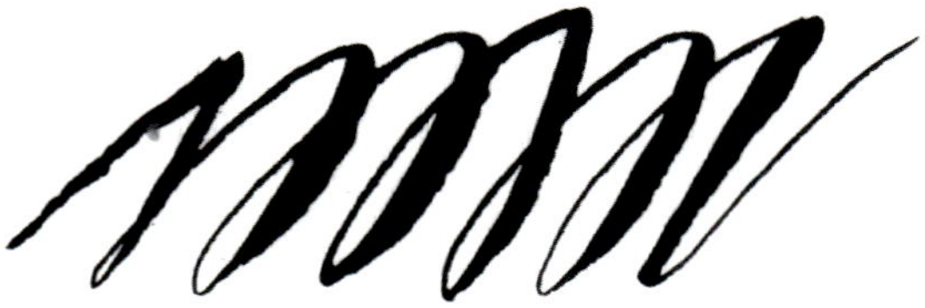

Frage: Meine Linien sind zittrig, zu dick und zu grob.

Antwort: Prüfen Sie zunächst, ob Sie die Feder nicht zu fest halten. Mit einem lockeren Griff fließen die Linien besser. Die Bewegungen für das Zeichnen und die Kalligrafie sollten aus dem Unterarm und der Schulter kommen. Sie sorgen für die Schnörkel. Bewegen Sie beim Zeichnen nicht die Finger oder das Handgelenk. Das mag sich zunächst unbeholfen anfühlen, aber ich versichere Ihnen, dass Sie so die glattesten, saubersten Linien ziehen.

Frage: Ups, ich habe einen Fehler gemacht.

Antwort: Bei einem großen Fehler wie einem riesigen Tintenklecks oder einem Schmierer ist es besser für Sie, wenn Sie von vorn anfangen. Das ist frustrierend, aber der Versuch, so etwas noch zu retten, führt nur zu Ärger und Verzweiflung. Glauben Sie mir, ich habe das selbst probiert.

Ist es aber nur ein kleiner Fehler, können Sie es mit dicker, gut deckender weißer Farbe – wie Gouache oder Dr. Ph. Martin's Bleedproof White – probieren, den Fehler abzudecken. Versuchen Sie nicht, Schichten abzukratzen, denn die Sumi-Tusche verschmutzt dann die weiße Tinte. Tragen Sie das Weiß dick auf und lassen Sie Ihr Werk gut trocknen. Sie können es aber auch mit weißen Markern oder Stiften probieren. Viel Erfolg!

BEVOR SIE BEGINNEN

1 Die Ruhe bewahren

Wenn eine Zeichnung hoffnungslos wird oder Sie nicht weiterwissen, atmen Sie tief durch, machen sich eine Tasse Tee oder Kaffee und entspannen Sie sich. Wenn Sie dann an den Schreibtisch zurückkehren, können Sie das Werk in Ruhe erneut betrachten.

2 Nur Mut!

Es ist wie beim Fahrradfahren. Wenn Sie zögern oder zu langsam treten, geraten Sie aus der Balance und stürzen. Sammeln Sie Ihren Mut und dann geht's los. Mit dem richtigen Schwung ziehen Sie elegante, wunderbar glatte Linien. Denken Sie nicht darüber nach, tun Sie es einfach! Es ist doch nur Papier und Tinte.

3 Halten Sie den Tisch frei

Sie können nicht wirklich frei Ihre Verzierungen zeichnen, wenn Ihr Arm ständig auf Hindernisse stößt. Ein sauberer Schreibtisch sorgt auch für einen freien Kopf und macht Sie bereit für die schwierigsten Ornamente.

4 Probieren Sie es immer wieder

Mein Kunstlehrer hat mir dringend geraten, mich nicht in eine Zeichnung zu verlieben. Wenn Sie merken, dass sie nicht funktioniert, fangen Sie neu an. Wenn Sie mitten in die Zeichnung einen riesigen Tintenklecks setzen, versuchen Sie nicht die Zeichnung zu retten. Wer sich in seine Zeichnung verliebt, verliert seine Freiheit und investiert zu viel in etwas, das den Aufwand nicht lohnt. Sie sind der Künstler und Sie haben die Kontrolle! Wenn die Zeichnung nicht gut oder nicht richtig aussieht, werfen Sie sie weg, ganz gleich, wie sehr Sie daran hängen. Die nächste Zeichnung kann noch viel besser werden!

5 Tun Sie, was Ihnen Spaß macht

Wie bei der Handschrift entwickelt jeder seine eigenen Ornamente und Verzierungen. Wenn Sie meinen, dass Ihre Zeichnung hier oder dort etwas Besonderes braucht, tun Sie es, auch wenn es ungewöhnlich aussieht. Versuchen Sie nicht, einen bekannten Stil völlig zu kopieren. Zeichnen Sie, was Sie wollen, und in Ihrem eigenen Stil. Ein Ornament, das voll und ganz von Ihnen stammt, wird Sie zufriedenstellen, denn das ist Ihr Selbstausdruck auf Papier. Ich bin gespannt, was Sie sich einfallen lassen!

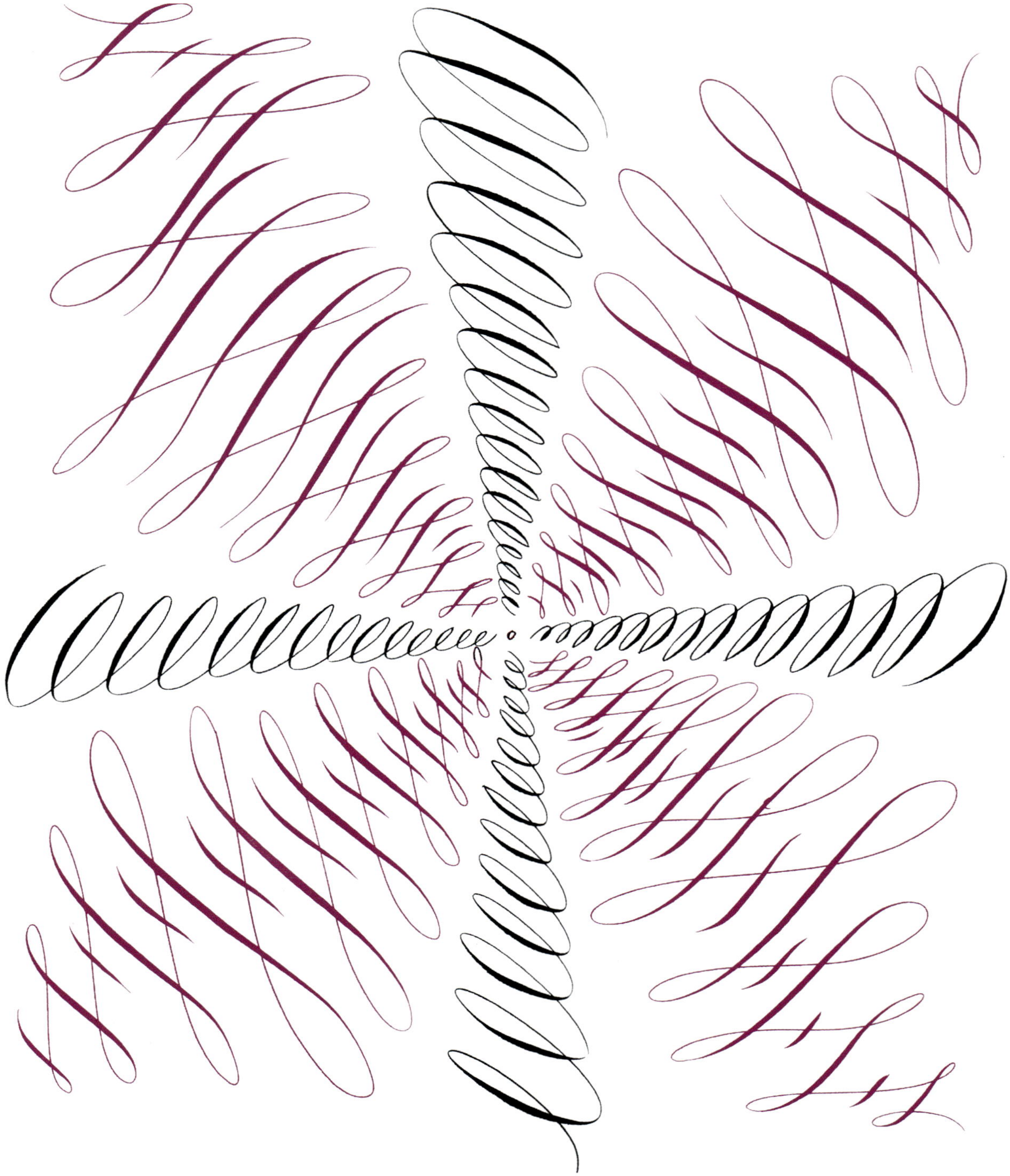

KAPITEL ZWEI

EINFACHE STRICHE UND SCHNÖRKEL

Bewegungsfreiheit ist die Grundlage aller guten Schnörkel. Um einen lebendigen künstlerischen Strich zu ziehen, dürfen Ihr Arm und Ihre Hand nicht krampfhaft die Feder führen. Machen Sie diese Übungen zum Auflockern zunächst mit dem Bleistift, aber wechseln Sie so schnell wie möglich zu Feder und Tinte.

LOCKERUNGSÜBUNGEN

Greifen Sie den Bleistift oder Federhalter ganz locker und bringen Sie Ihre Striche aus der Schulter und dem Ellenbogen heraus auf das Papier. Die Bewegung kommt hier nicht aus den Fingern oder dem Handgelenk. Setzen Sie bei jeder Übung Ihren Arm schnell und kontrolliert ein. Streben Sie keine Perfektion an … achten Sie auf Bewegungsfreiheit und eine gute Kontrolle von Hand und Werkzeug.

ÜBUNG 1

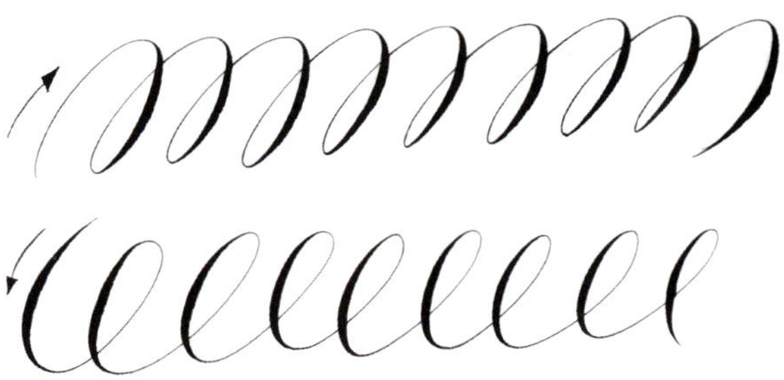

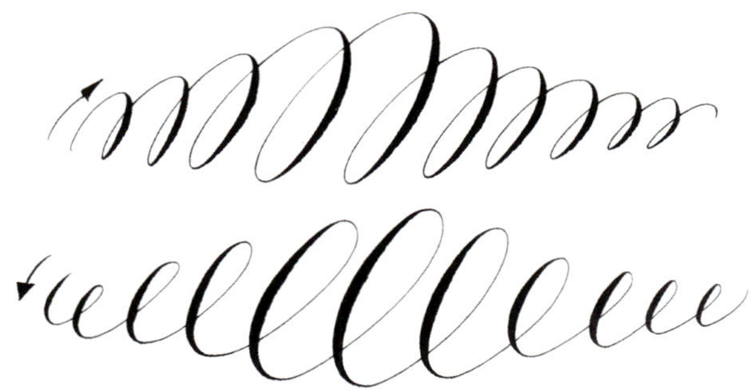

SCHRITT EINS

Einfache Schleifen in zwei verschiedenen Richtungen: Üben Sie bei Abstrichen Druck auf die Feder aus und lockern Sie ihn bei Aufstrichen. Daran muss man sich erst gewöhnen. Zeichnen Sie bei Bedarf langsamer, aber werden Sie nicht zu langsam. Wenn Sie sicherer werden, versuchen Sie es etwas schneller, um Rhythmus und Schwung zu gewinnen. Streben Sie noch keine perfekten, gleichförmigen Schleifen an. Achten Sie stattdessen auf Bewegungsfreiheit und glatte Linien.

SCHRITT ZWEI

Nun variieren Sie die Größe der Schleifen von klein zu groß und wieder zu klein. Zeichnen Sie langsamer, besonders wenn die Schleifen zu groß werden. Ziel sind gleichmäßige Striche, die sauber von dick zu dünn wechseln, ohne hängen zu bleiben oder zu kleckern. Arbeiten Sie so lange daran, bis Sie mit der Feder und der Tinte vertraut sind.

ÜBUNG 2

SCHRITT EINS

Wenn Sie sich an die Schleifen gewöhnt haben, versuchen Sie, sie einheitlicher zu zeichnen. Sie können so wie ich hier mit rotem Farbstift Hilfslinien mit etwa 2,5 cm Abstand zeichnen. Halten Sie die Schleifen innerhalb der Linien. Das ist nicht einfach, macht aber Spaß. Streben Sie keine Perfektion an, sondern Rhythmus und gleiche Abstände zwischen den Schleifen. Halten Sie während des Zeichnens nicht innen … atmen Sie ruhig … und lassen Sie Ihren Arm die Arbeit machen!

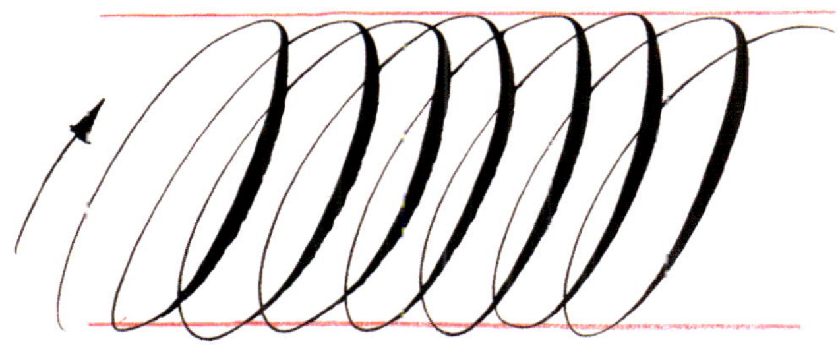

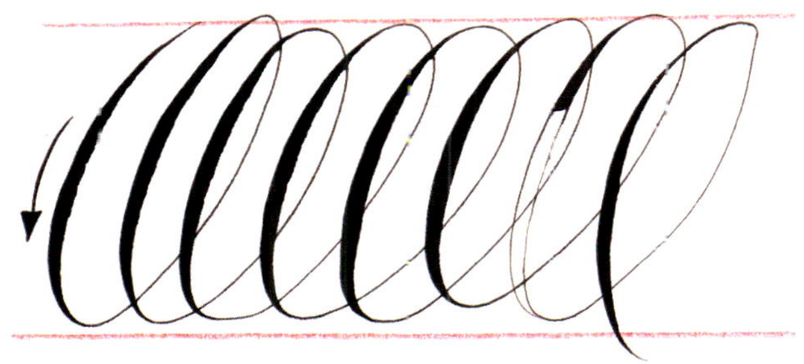

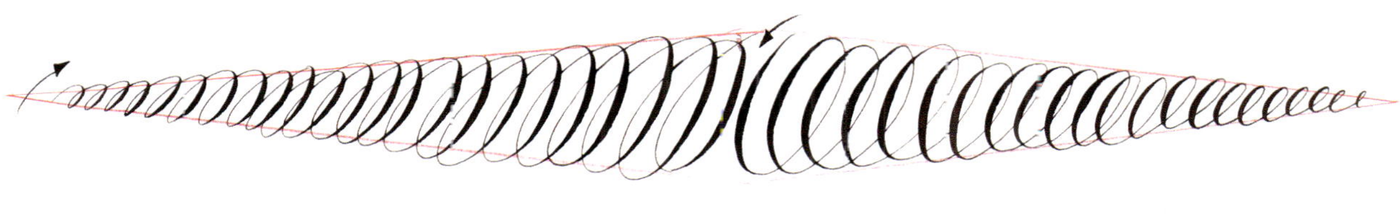

SCHRITT ZWEI

Wenn Sie das geschafft haben, ordnen Sie die Hilfslinien keilförmig an. Die Schleifen werden zur Mitte hin größer und dann wieder kleiner. Auch hier achten wir auf gleiche Abstände und eine gleichmäßige Größenänderung.

ÜBUNG 3

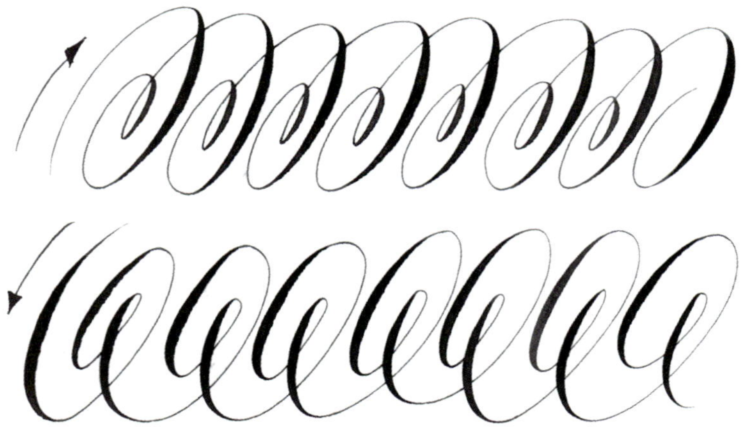

Nun etwas nur zum Spaß. Versuchen Sie sich an dem folgenden Muster aus kleinen und großen Schleifen. Die erste Schleife muss größer ausfallen, um Platz für die innere Schleife zu haben. Bewegt sich Ihr Arm inzwischen flüssiger? Sollte das nicht der Fall sein, wird das durch die Übung noch kommen. Wenn Sie zögern oder frustriert sind, denken Sie daran, beim Üben nicht den Atem anzuhalten. Atmen Sie tief durch und machen Sie weiter, wenn Ihnen danach ist. Kunst lässt sich nicht erzwingen.

ÜBUNG 4

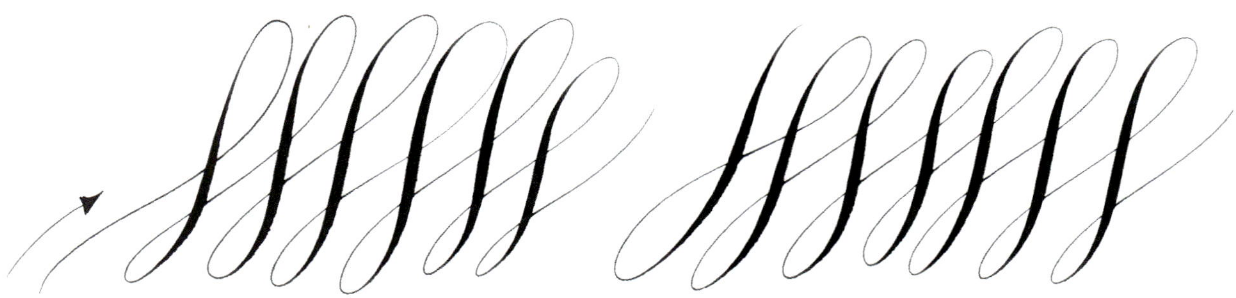

Das ist eine meiner Lieblingsübungen – das lange „s“. Lassen Sie es über die Seite auf und ab gehen. Auch hier geht es nicht um Perfektion. Bewegen Sie einfach den Arm und achten Sie auf korrekte Linien und Abstände. Ich benutze diese in meinen Arbeiten häufig. Es ist vielseitig, sieht gut aus und lässt sich einfach zeichnen.

ÜBUNG 5

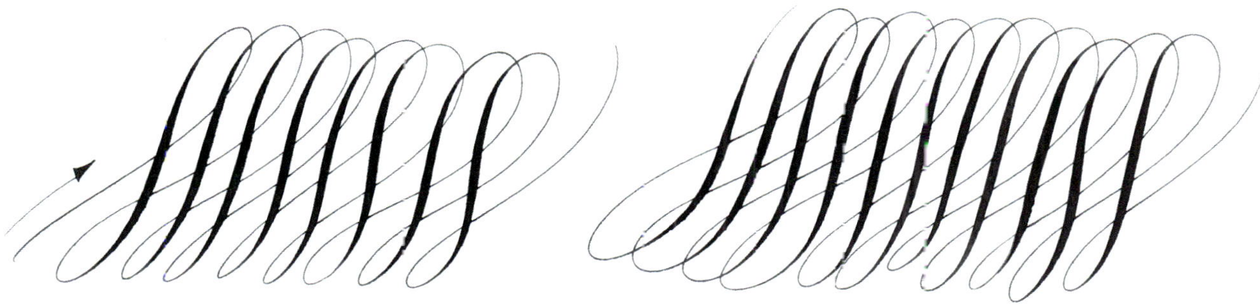

Nun spielen wir mit Texturen. Das sieht zunächst aus wie die letzte Übung, aber wenn man genau hinsieht, stellt man fest, dass die Schleifen sich oben und unten überlappen. Sie werden feststellen, dass sich das ganz anders anfühlt als die letzte Übung. Setzen Sie die Schleifen so dicht wie möglich aneinander, um einen Überlagerungseffekt zu erzielen. Wichtig sind gleichmäßige Abstände. Mit diesem Muster lassen sich Räume wunderbar ausfüllen.

ÜBUNG 6

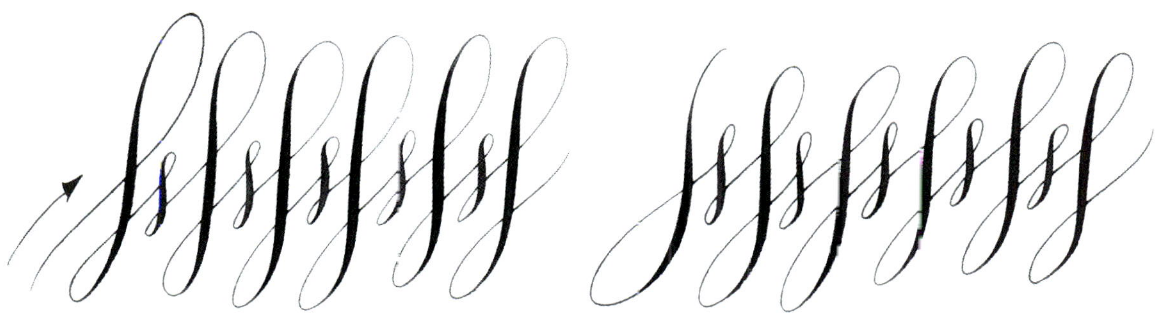

Nun zeichnen wir ein großes und ein kleines „s“ nacheinander. Diese schlichte Variation sorgt für ein ganz anderes Design. Denken Sie daran, dass bei der Kalligrafie jede kleine Variation neue Texturen schafft und die Arbeit interessanter wirken lässt. Denken Sie sich neue attraktive Designs aus, die Ihre Arbeit einzigartig machen.

ÜBUNG 7

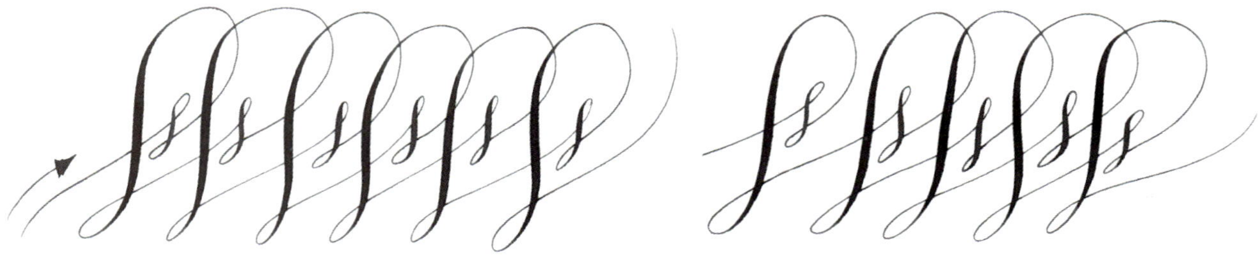

Diese Übung zeigt ähnlich wie Übung 5 Überlappungen der Schleifen. Das sieht kompliziert aus, ist es aber gar nicht. Sehen Sie sich die Schleifen genau an und Sie werden feststellen, dass Sie zunächst ein kleines „s“ zeichnen, dann die Schleife zum großen „s“ ziehen und das Ganze dann wiederholen. Diese Übung macht Spaß, ist aber auch eine Herausforderung. Aber Sie kriegen das hin!

ÜBUNG 8

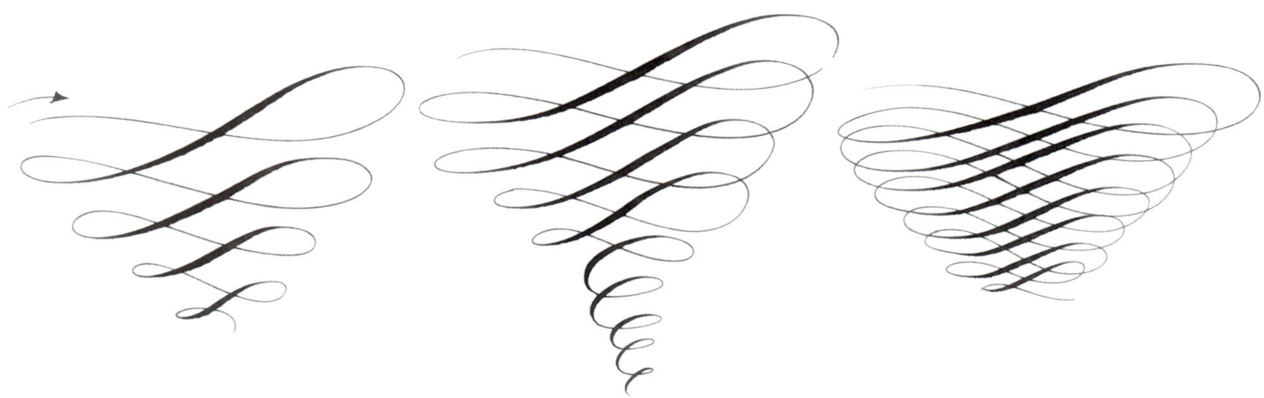

Es geht schon leichter, richtig? Auch diese zählt zu meinen Lieblingsübungen. Die erste Übung ist eine absteigende horizontale Schleife. Die zweite und dritte Schleife sind ähnlich und überlappen sich verschieden stark. Achten Sie darauf, dass die Muster waagrecht bleiben und nicht zu sehr nach rechts oder links geneigt sind. Die Abstände sollten möglichst gleichmäßig sein. Die Linien sollten sich sauber kreuzen. Diese Verzierungen sind ideal als Abschluss eines Wortes oder eines Musters.

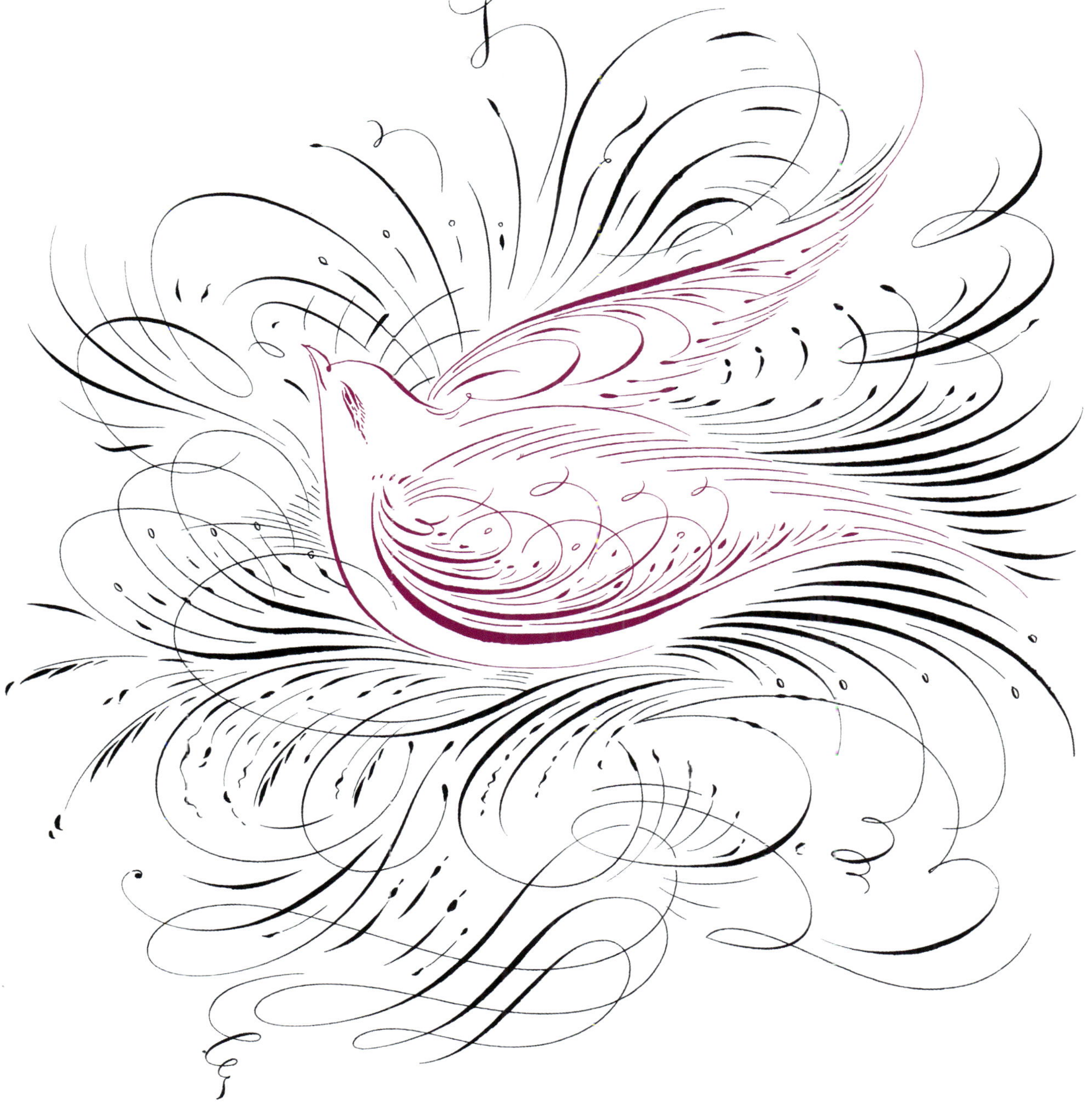

Schnörkel als Abschluss

Die Schnörkel sind etwas anders als die vorherigen Übungen zu den Grundstrichen. Bei den Grundstrichen macht man meist repetitive Übungen, um Hand und Arm aufzulockern und zu trainieren. Schnörkel wiederum entwickeln sich wie eine Blume. Sie wachsen und entwickeln sich mit dem Werk und vervollständigen es.

In diesem Abschnitt üben wir ein paar Schnörkel. Sie können sich an die Übung halten oder aber eigene Schnörkel entwerfen. Irgendwann können Sie dann Ihre eigenen Schnörkel tanzen lassen.

Aber vorher ziehen Sie ein paar spontane Schnörkel mit Ihrer Feder. Füllen Sie eine oder zwei Seiten damit. Zögern und stoppen Sie nicht. Wenn Ihnen etwas merkwürdig vorkommt, machen Sie einfach weiter. Setzen Sie für jeden Schnörkel nur einen Strich ein. Lassen Sie Ihrer Kreativität freien Lauf und entwickeln Sie eigene tolle Muster. Ich zeige Ihnen einige meiner Übungsblätter, lassen Sie sich davon inspirieren!

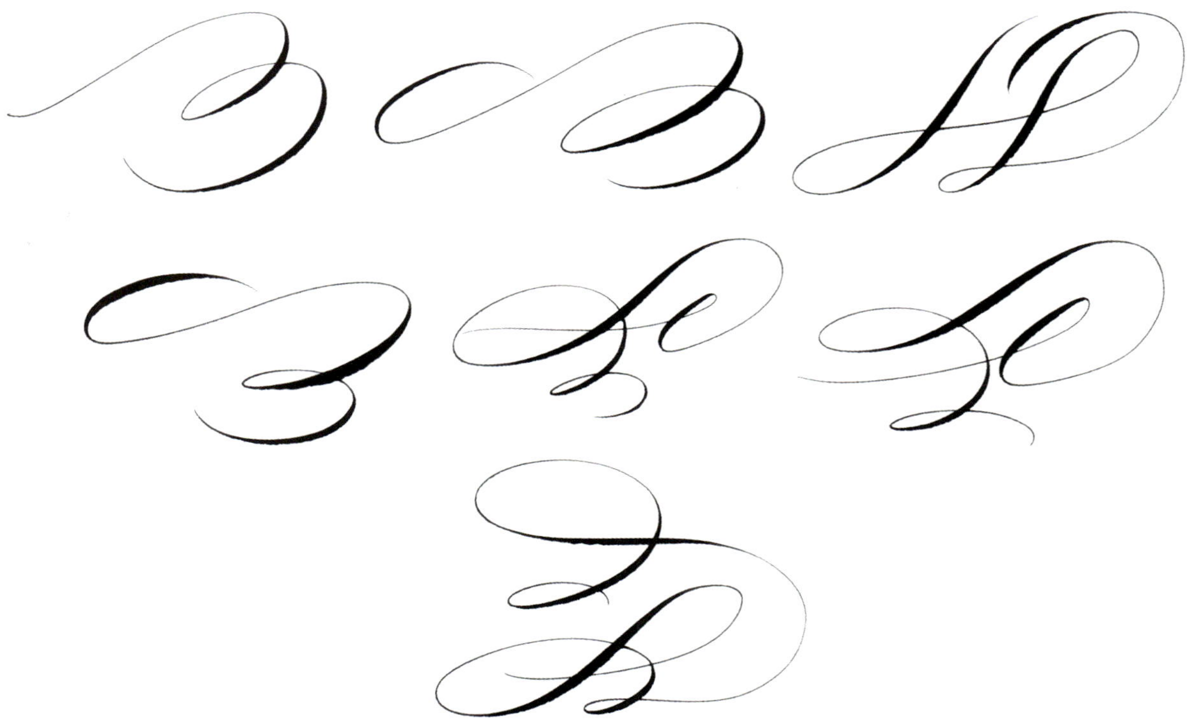

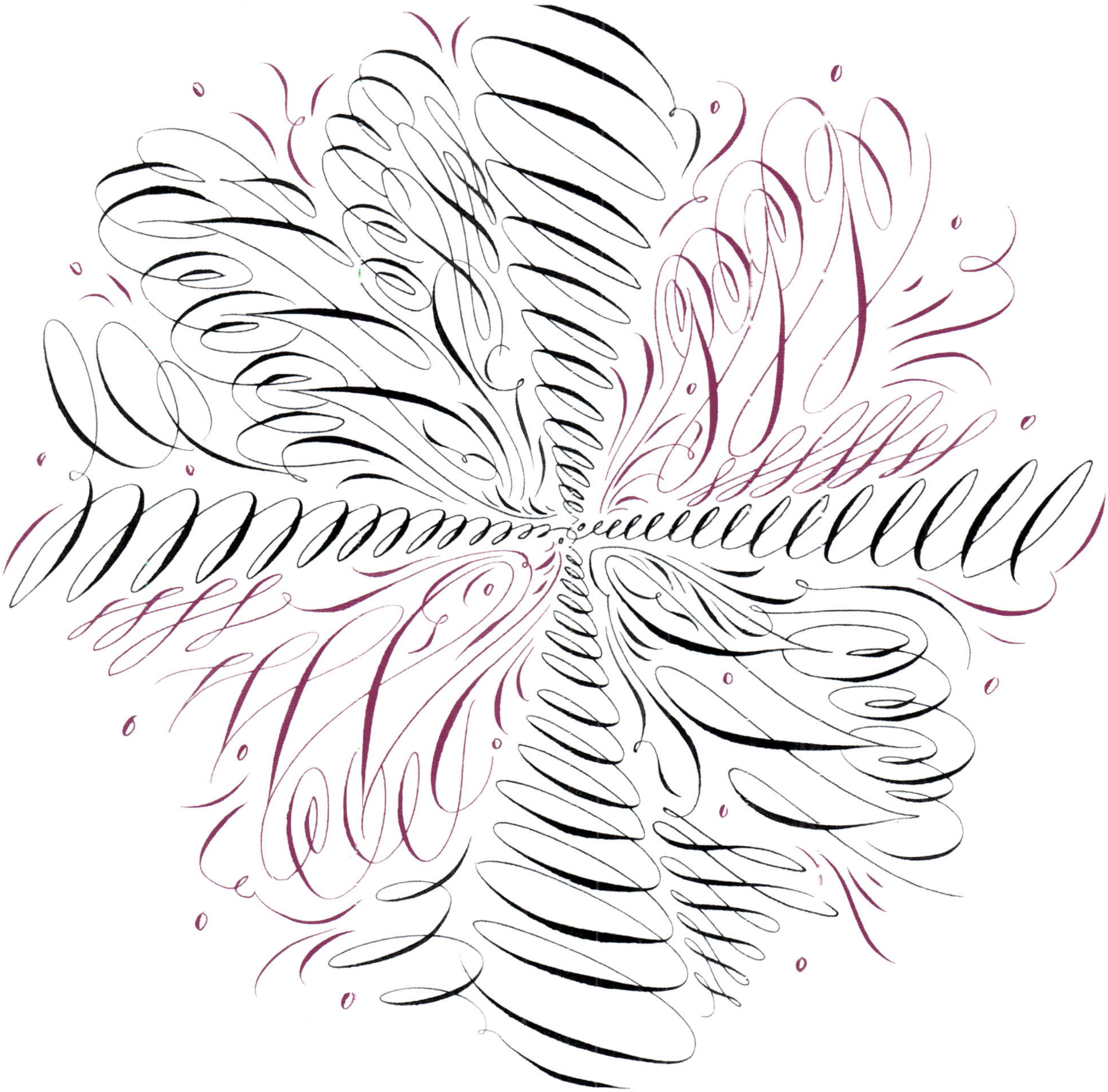

ÜBUNG 1

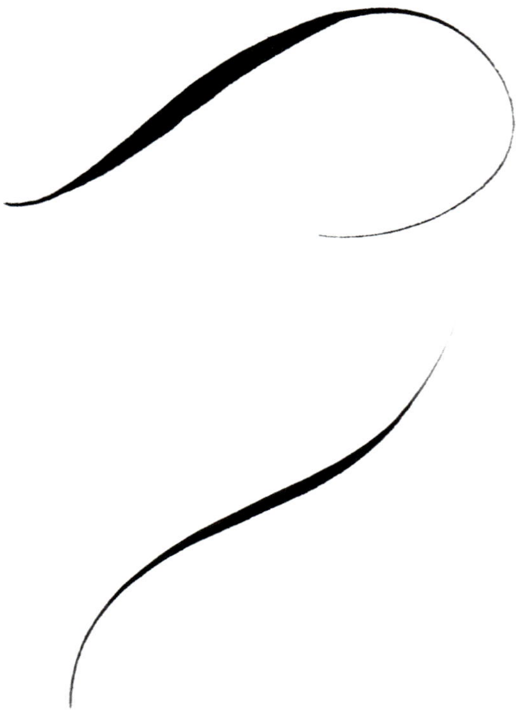

SCHRITT 1

Nun haben Sie Seiten voller simpler Striche. Wählen Sie einen, der Ihnen gefällt. Ich habe mich für diese beiden entschieden. Beide haben eine schöne fette Form und viel Platz drumherum für Schnörkel. Auch Ihr Strich sollte genügend Platz für Schnörkel aufweisen. Auf beengtem Raum Schnörkel zu zeichnen, ist frustrierend: Das Werk wächst nicht!

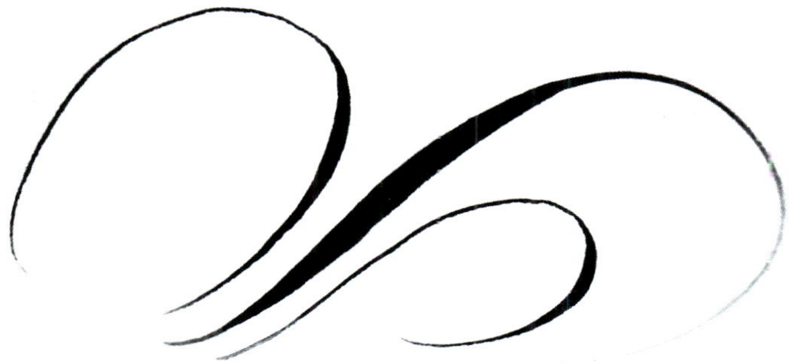

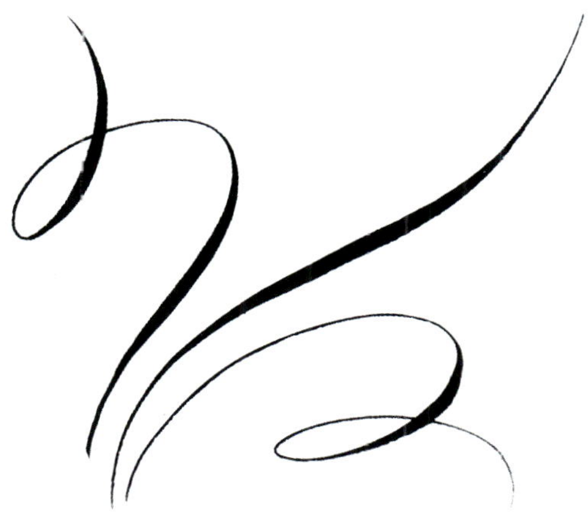

SCHRITT 2

Ich ergänze den ersten Strich mit zwei weiteren. Das sind nur *Ergänzungen*. Sie sollen das Bild nicht erschlagen, sondern eher wie Blätter an einem Zweig wirken. Sie können anfügen, was und wo Sie wollen, aber jede Ergänzung sollte vom Hauptstrich ausgehen. Für ein ausgewogenes Bild fügen Sie einen Strich rechts und einen links hinzu.

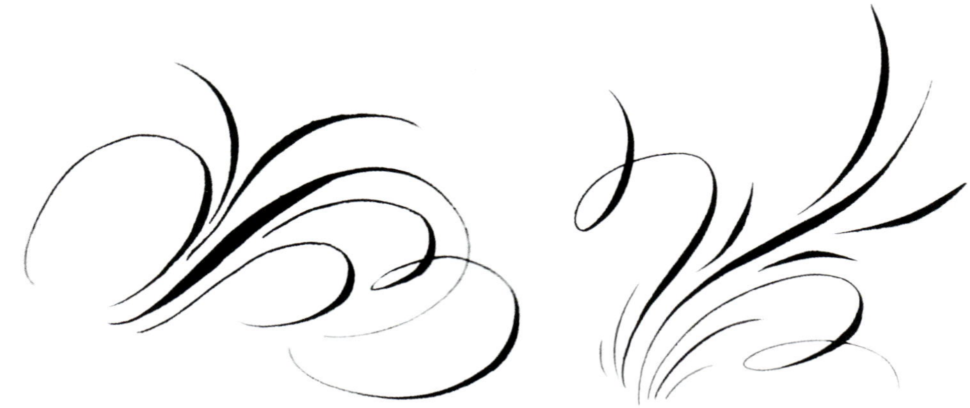

SCHRITT 3

Nun kommen die Schnörkel! Ich füge mehr Wirbel, Blätter und Ähnliches hinzu, alle ausgehend vom Hauptstrich. Überlegen Sie gut, wo Sie den nächsten Schnörkel platzieren. Scheuen Sie sich nicht, das Papier zu drehen, um neue Winkel und Perspektiven zu erkunden. Ich habe für diese Schnörkel das Papier umgedreht oder sogar auf den Kopf gestellt.

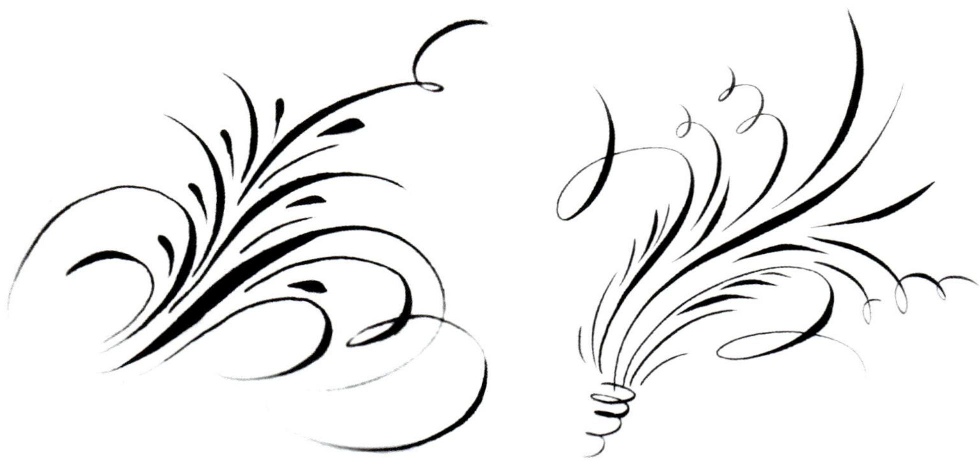

SCHRITT 4

Jetzt kommen Texturen hinzu. Statt derselben Striche habe ich nun kurze Striche gezeichnet, die wie Kommas und kleine Blätter aussehen, die nach außen streben. So wird das Bild interessant und vielseitiger. Denken Sie daran, nicht ständig die gleichen Muster zu wiederholen. Texturen und Vielfalt erwecken Ihre Kunst zum Leben. Spielen Sie ruhig damit.

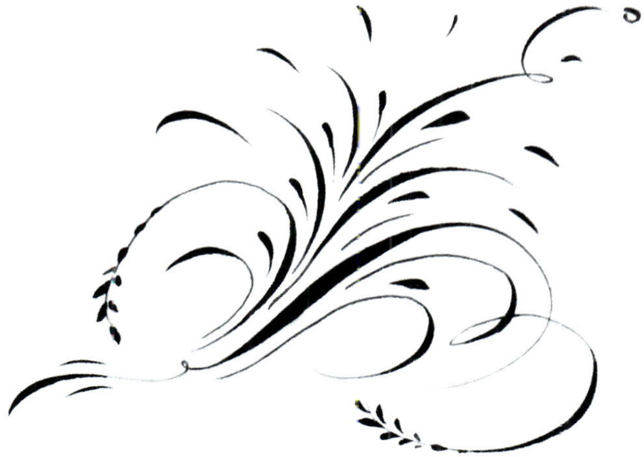

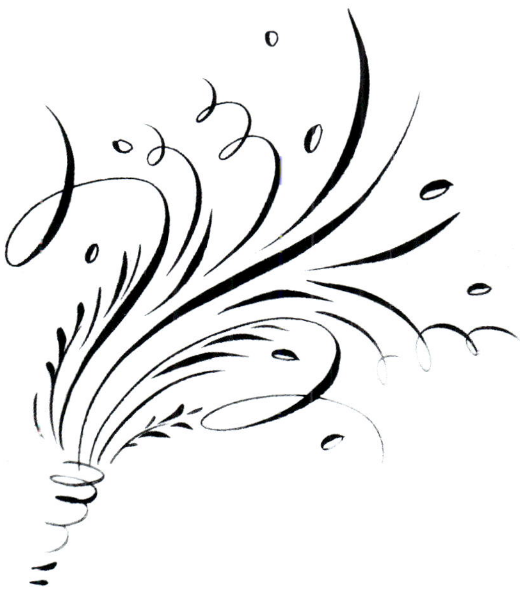

SCHRITT 5

Zum Schluss folgen kleine dekorative Elemente rund um das Muster. Diese kleinen Extras sind nicht unbedingt nötig, aber ich nehme meine Cocktails auch gern mit einem Schirmchen und gebogenen Strohhalmen. Kleine Strahlenkränze, Kreise und farnartige Blätter am Ende der Schnörkel sind nicht gerade traditionell, aber ich meine, sie geben dem Werk Leben und Persönlichkeit. Versuchen Sie es selbst.

ÜBUNG 2

Nun verzieren wir etwas mit Schnörkeln. Ein Federkiel ist wegen seiner Bedeutung für die Kalligrafie genau das richtige Objekt für den Anfang. Vor der Erfindung der Metallfeder wurden viele Jahrhunderte lang Gänsefedern zum Schreiben und Zeichnen benutzt. Jede einzelne Feder musste dafür gerupft, gereinigt, gehärtet und sauber zurechtgeschnitten werden. Alle menschlichen Ideen, Literatur und religiöse Gedanken wurden über Hunderte von Jahren mit diesen einfachen Federn niedergeschrieben.

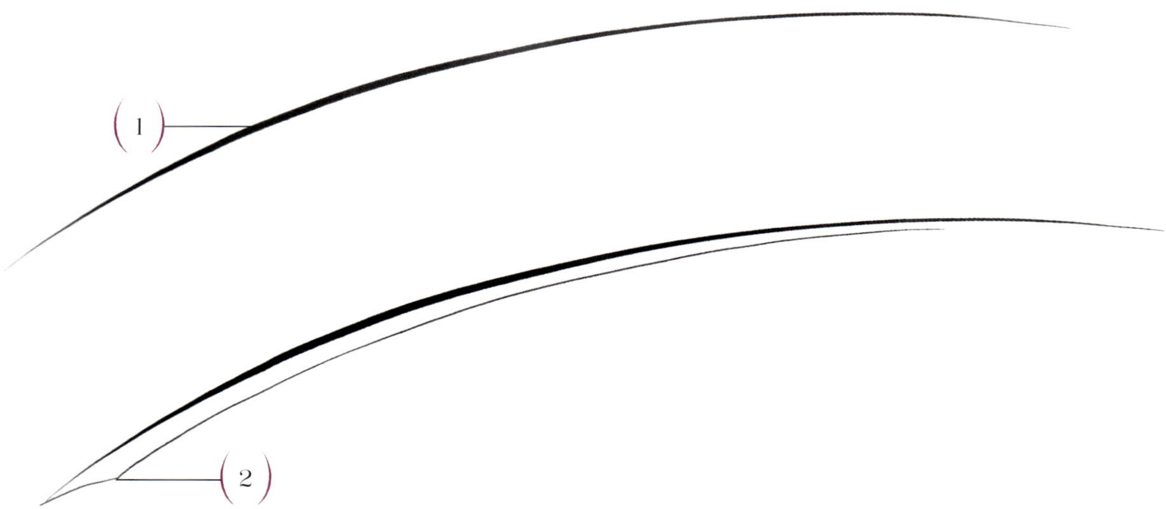

SCHRITT 1

Beginnen Sie mit einem langen Strich, der zur Mitte hin dicker und dann wieder dünner wird. Er sollte mindestens 12 cm lang sein und die Seite gut füllen. Nur Mut! Dieser wunderschöne Strich ist das Rückgrat der Feder.

SCHRITT 2

Setzen Sie vorsichtig einen spitzen Punkt unten an den Strich. Das ist die Federspitze. Von der Seite sollte sie so aussehen wie die Metallfeder, die Sie benutzen.

Ziehen Sie parallel zum ersten Strich eine weitere Linie, diese aber gleichmäßig dick. Arbeiten Sie so langsam wie nötig, aber achten Sie darauf, dass die Linie glatt und nah am ersten Strich verläuft.

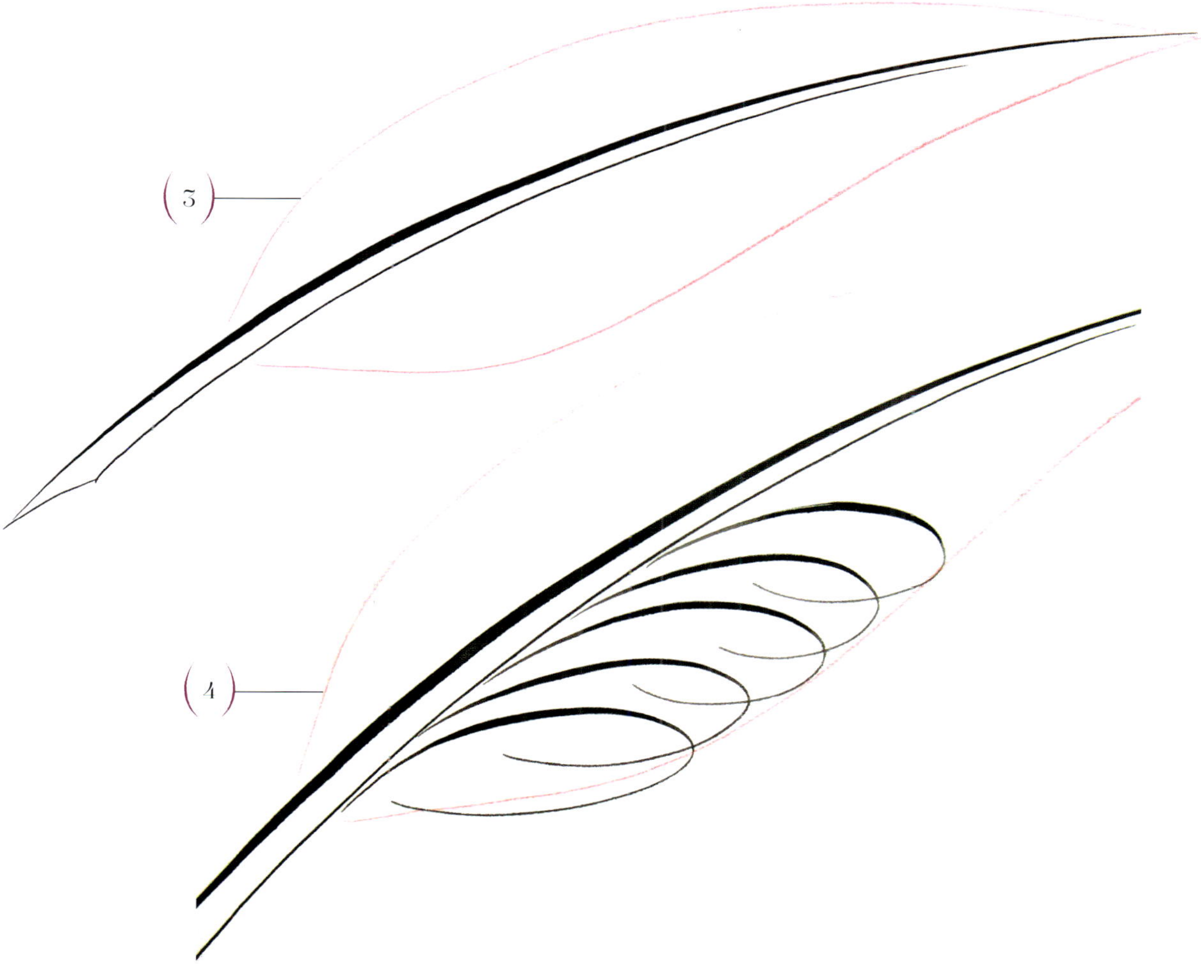

SCHRITT 3

Beginnend etwa 2,5 cm von der Spitze Ihrer Feder, ziehen Sie mit einem Bleistift zwei gewölbte Formen, die bis zur Spitze reichen. Dort setzen wir die Federäste ein, also lassen Sie großzügig Platz dafür.

SCHRITT 4

Nun können Sie den Raum mithilfe der vorher gemachten Übungen ausfüllen. Aber übertreiben Sie es noch nicht. Halten Sie das Muster einfach und achten Sie darauf, dass die Schnörkel sauber aus dem Hauptstamm wachsen. Sie sehen, dass meine Schnörkel recht einfach sind, aber die Schleifen kreuzen sich und folgen genau den Bleistiftstrichen.

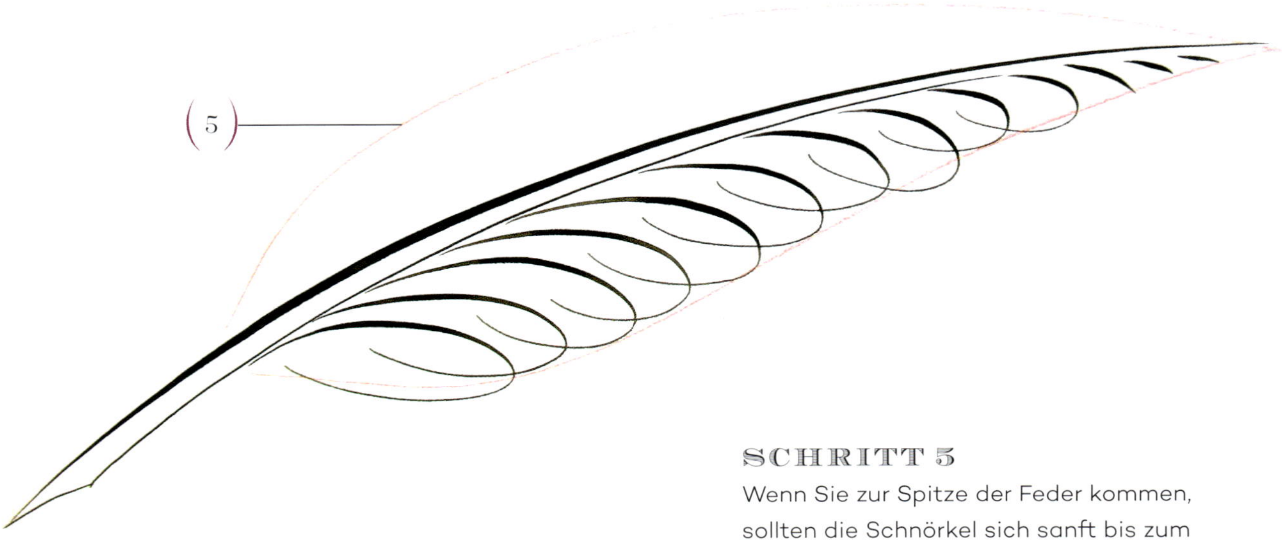

SCHRITT 5

Wenn Sie zur Spitze der Feder kommen, sollten die Schnörkel sich sanft bis zum Ende verjüngen. Stoppen Sie nicht abrupt. Die Linien sollten sanft und gleichmäßig enden. Schließlich muss eine Feder doch elegant sein, oder nicht?

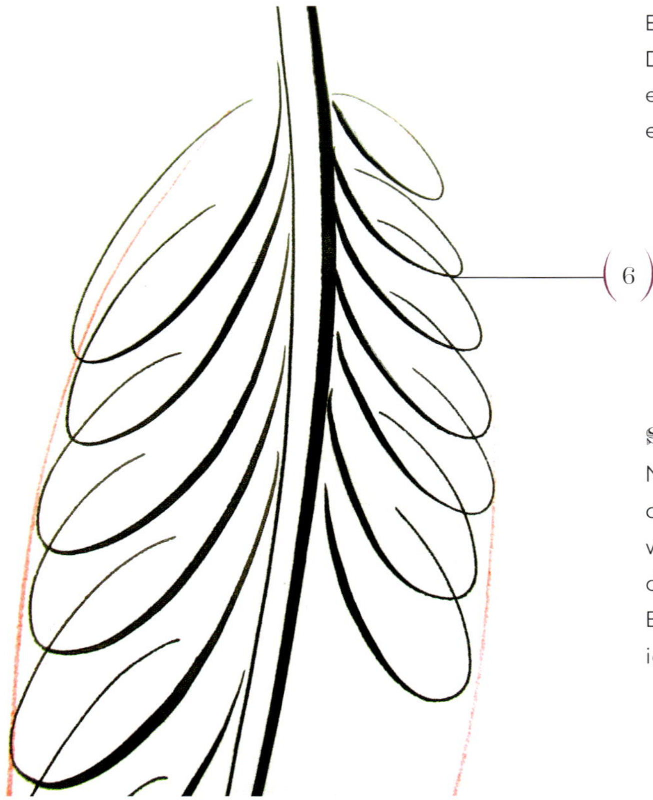

SCHRITT 6

Nun kommt die andere Seite. Sie können andere Schnörkel benutzen, aber ich verwende hier dasselbe Muster. Sie können das Papier verschieben, wenn Ihnen das die Bewegung erleichtert. In diesem Fall habe ich das Papier auf den Kopf gestellt.

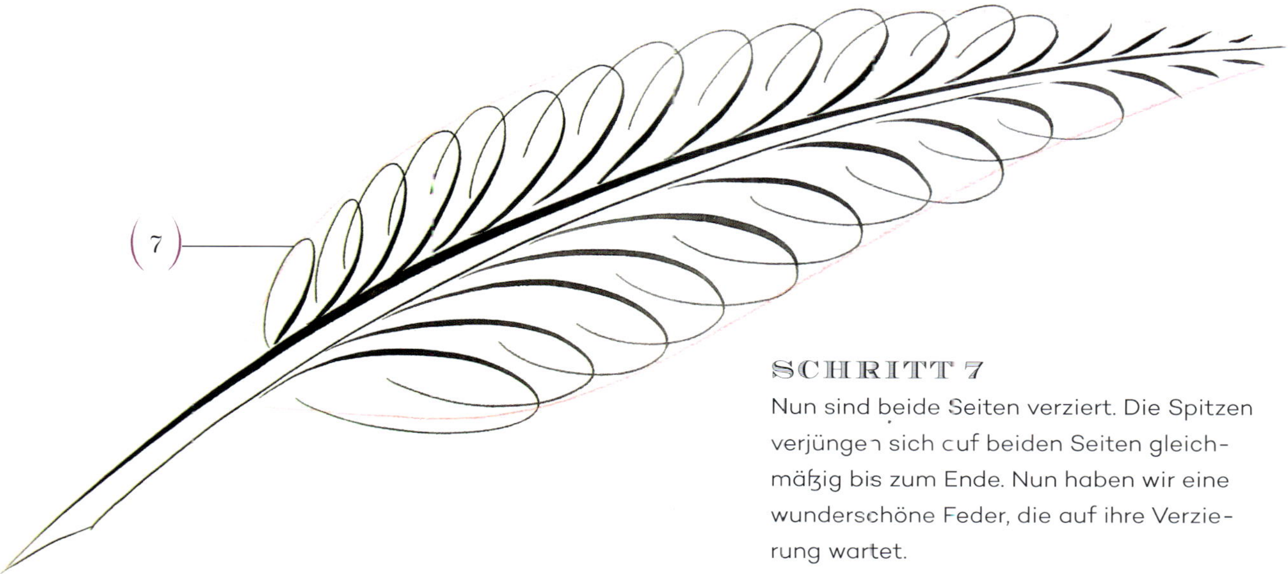

SCHRITT 7

Nun sind beide Seiten verziert. Die Spitzen verjüngen sich auf beiden Seiten gleichmäßig bis zum Ende. Nun haben wir eine wunderschöne Feder, die auf ihre Verzierung wartet.

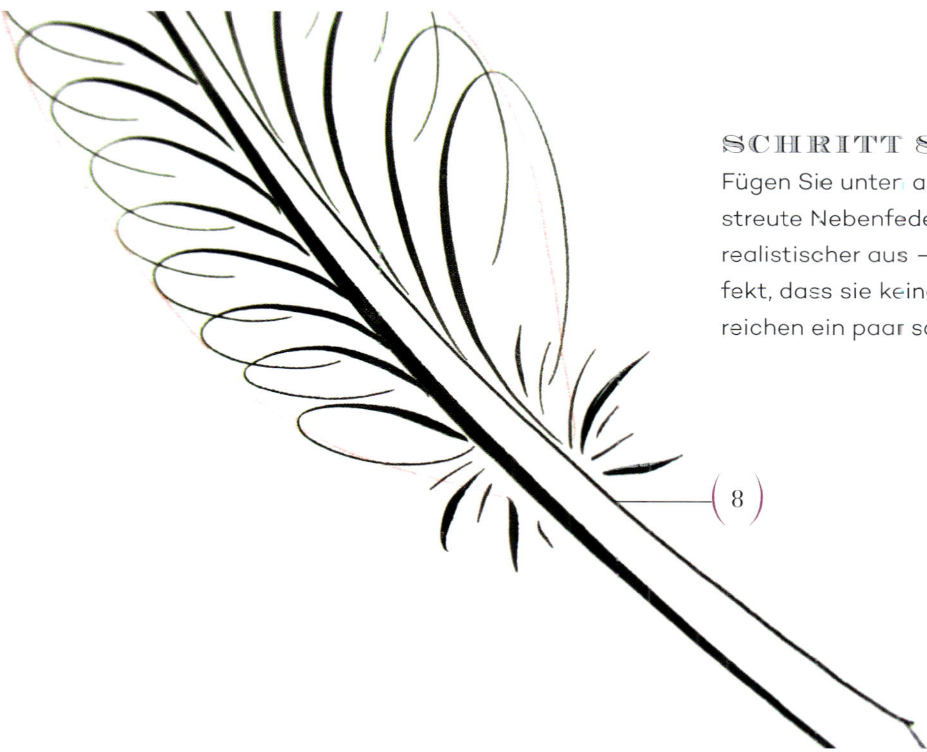

SCHRITT 8

Fügen Sie unten am Federkiel ein paar verstreute Nebenfedern an. So sieht Ihr Werk realistischer aus – keine Feder ist so perfekt, dass sie keine Nebenfedern hat. Dazu reichen ein paar schnelle Striche.

(9)

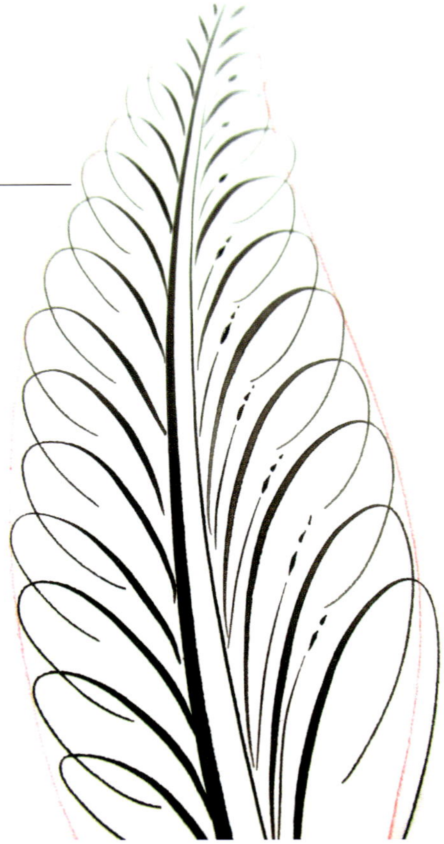

SCHRITT 9

Zwischen die Federäste habe ich ein paar kurze Striche gesetzt. Das gibt dem Bild sofort mehr Textur und macht es interessanter für den Betrachter.

SCHRITT 10

So sieht die Feder mit den zusätzlichen Strichen aus. Sie sind kurz und schnell gezogen und lenken nicht vom Gesamtwerk ab. Es sind Ergänzungen, die aber ihre eigene Persönlichkeit haben. Achten Sie stets darauf, dass die Verzierungen das Kunstwerk nicht erschlagen. Sie sollten nicht mehr sein als der Zuckerguss auf dem Kuchen.

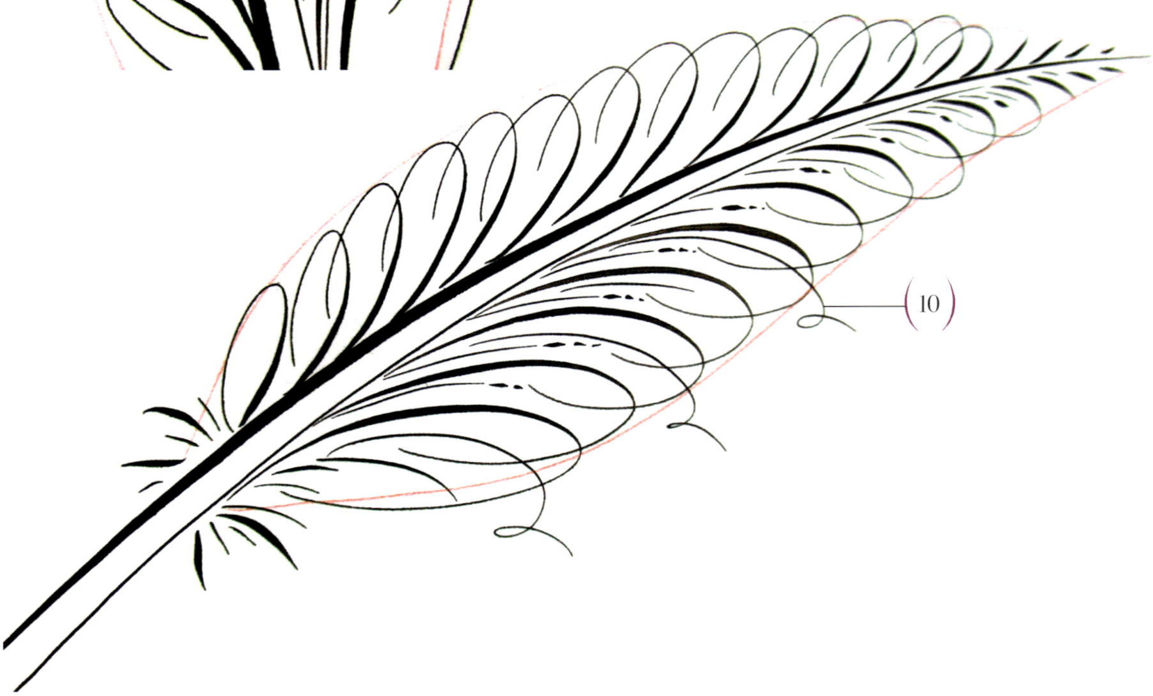

(10)

(11)

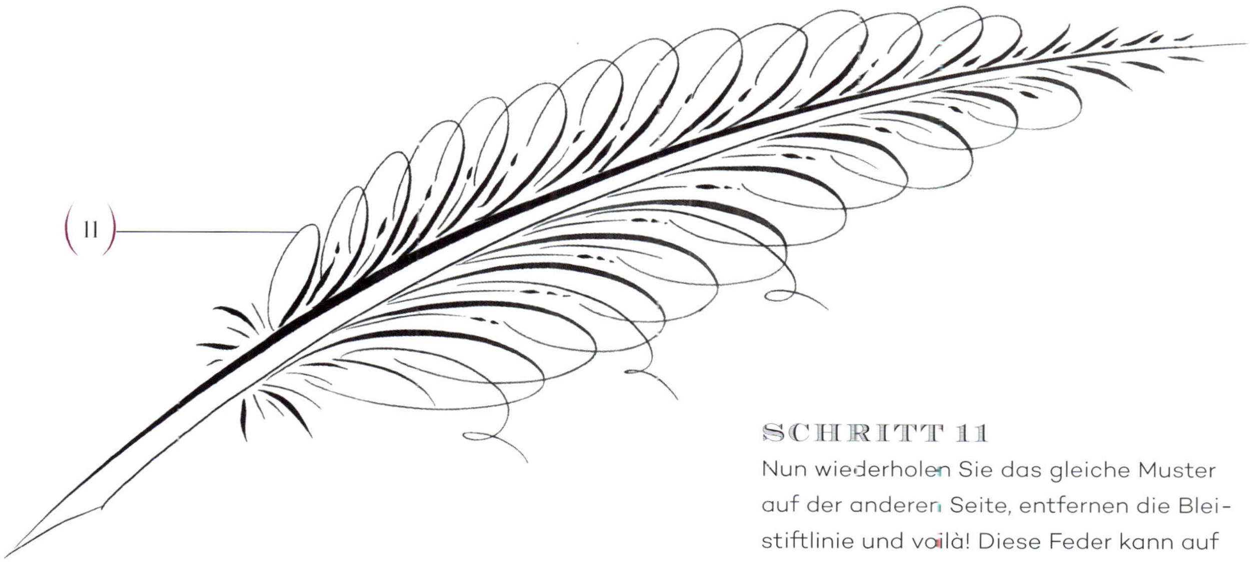

SCHRITT 11

Nun wiederholen Sie das gleiche Muster auf der anderen Seite, entfernen die Bleistiftlinie und voilà! Diese Feder kann auf vielerlei Weise verziert werden. Hier sind ein paar meiner Ideen. Denken Sie sich Ihre eigenen aus.

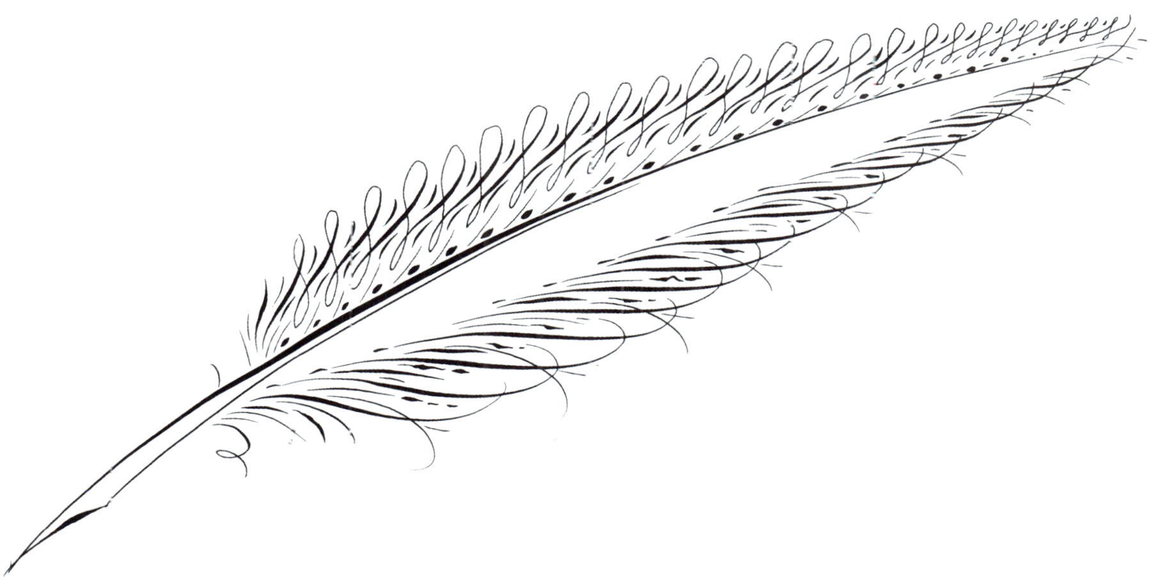

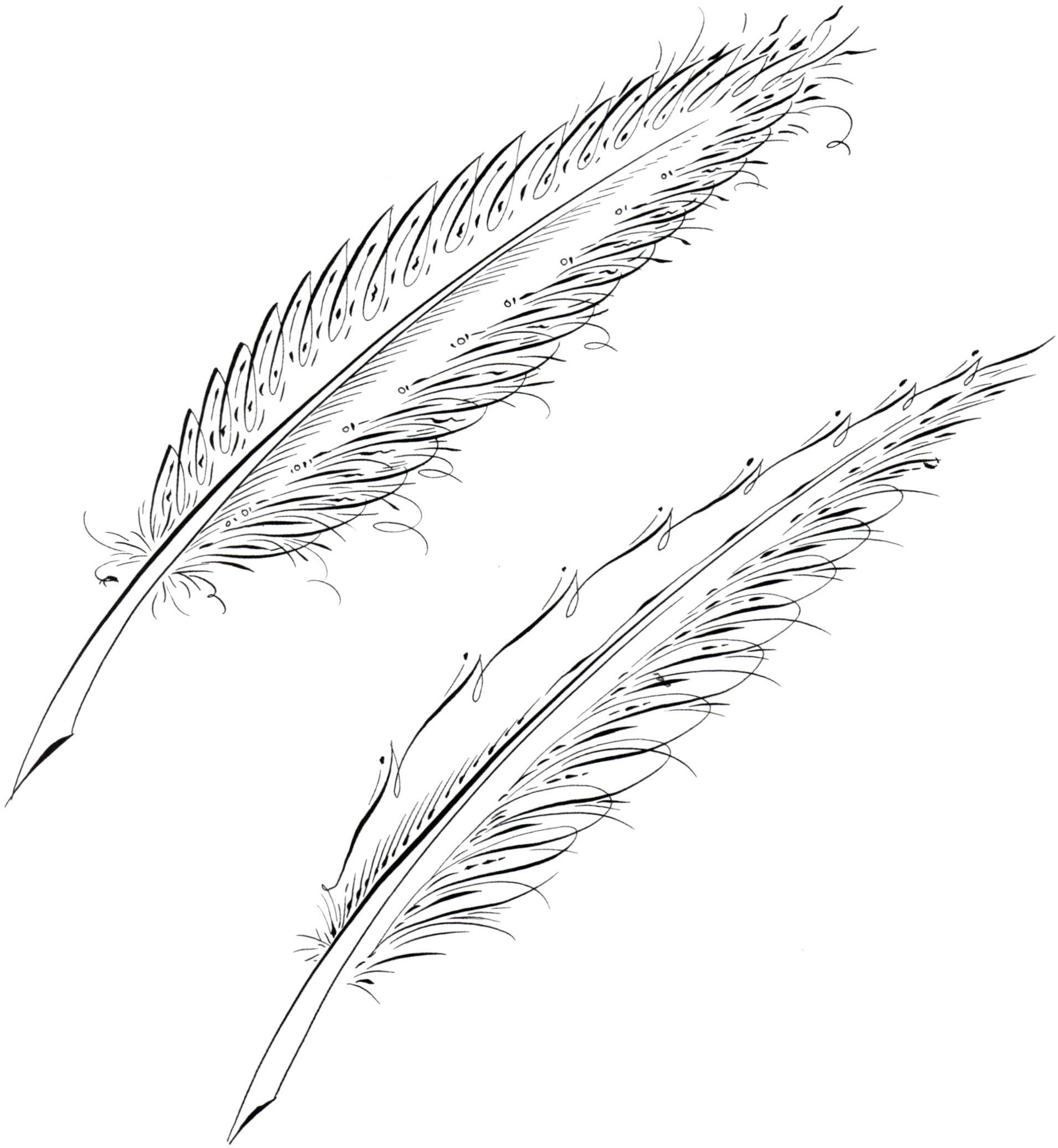

SO SOLLTEN SIE ES NICHT MACHEN

Diese Striche sind zu unordentlich und unruhig. Sie sollten aber sauber und sorgfältig platziert sein. Und eine dicke Form kreuzt eine andere dicke Form. Das wirkt zerzaust und geht überhaupt nicht!

Beide Federkielstriche sind zu dick und wetteifern um die Aufmerksamkeit. Das wirkt zu aufdringlich. Nur ein Kiel sollte dick sein – der andere ist dünner und dient als Ergänzung.

Die Feder endet nicht elegant in einer feinen Spitze, sondern recht abrupt. Das sieht nicht gut aus!

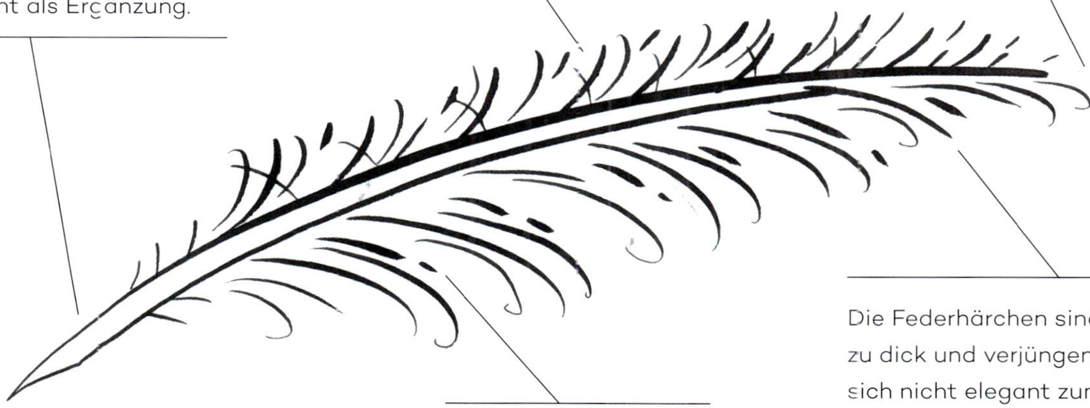

Die Federhärchen sind zu dick und verjüngen sich nicht elegant zum Ende hin. Sie stehen einfach ab.

Pfui Teufel! Die kleinen Zierpunkte sind zu Leopardenflecken geworden. Sie sind zu groß und ziehen zu viel Aufmerksamkeit auf sich.

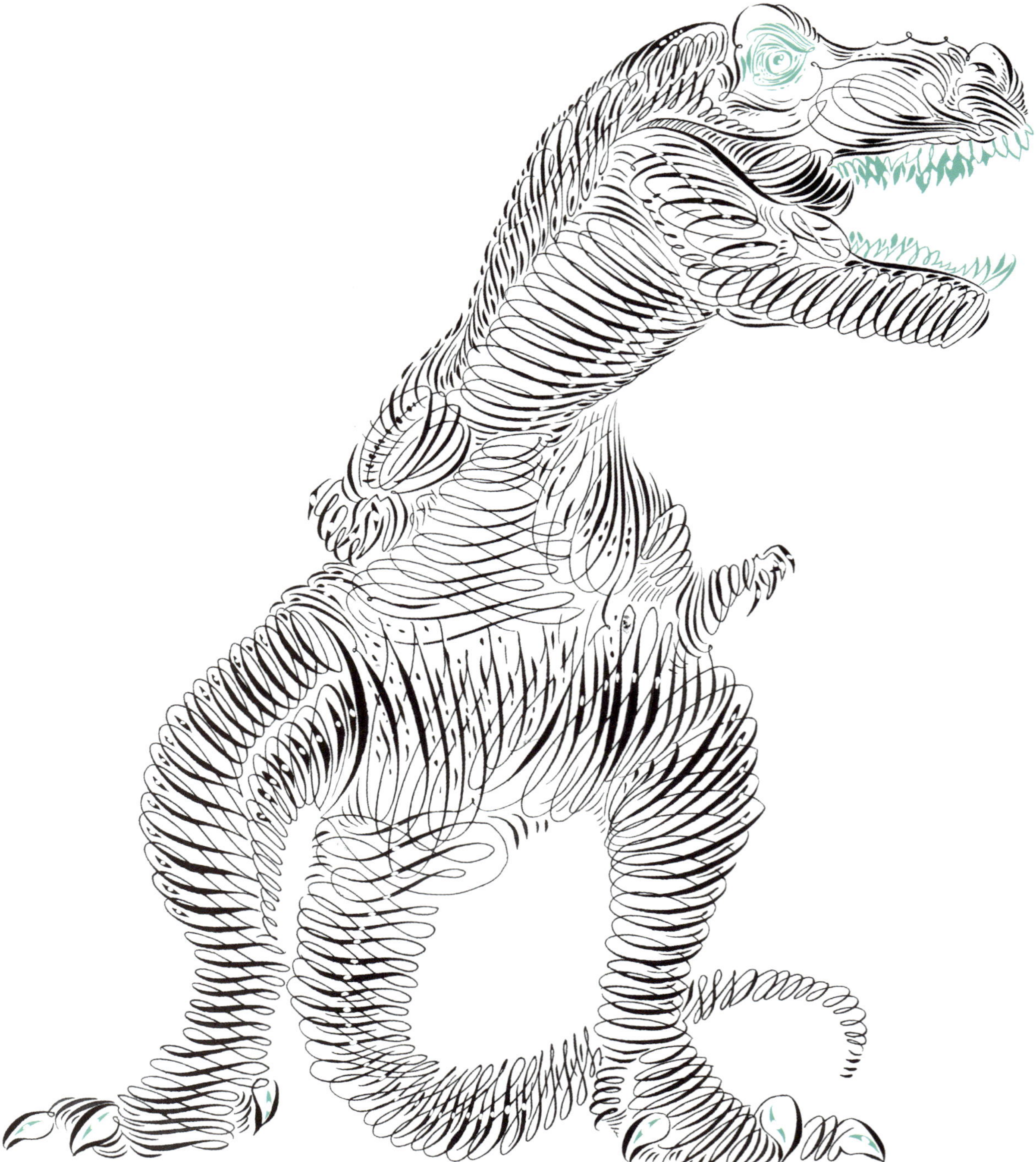

KAPITEL DREI

TIERE

Und nun etwas, was Spaß macht. Nach einer oder zwei Federn zeichnen wir jetzt ein paar Vögel!

DENKEN IN FORMEN

Wie zuvor bei den Federn stellen Sie sich nun beim Zeichnen von Vögeln und anderen Tieren jedes Teil des Körpers als eine eigene Form vor, die Sie jeweils separat verzieren.

TAUBE 1

Wir nehmen zu Beginn ein Referenzfoto von fliegenden Tauben. Zunächst zerlegen wir sie in vier oder fünf Grundformen. Achten Sie dabei besonders auf die Bogen, denn damit werden wir uns später befassen.

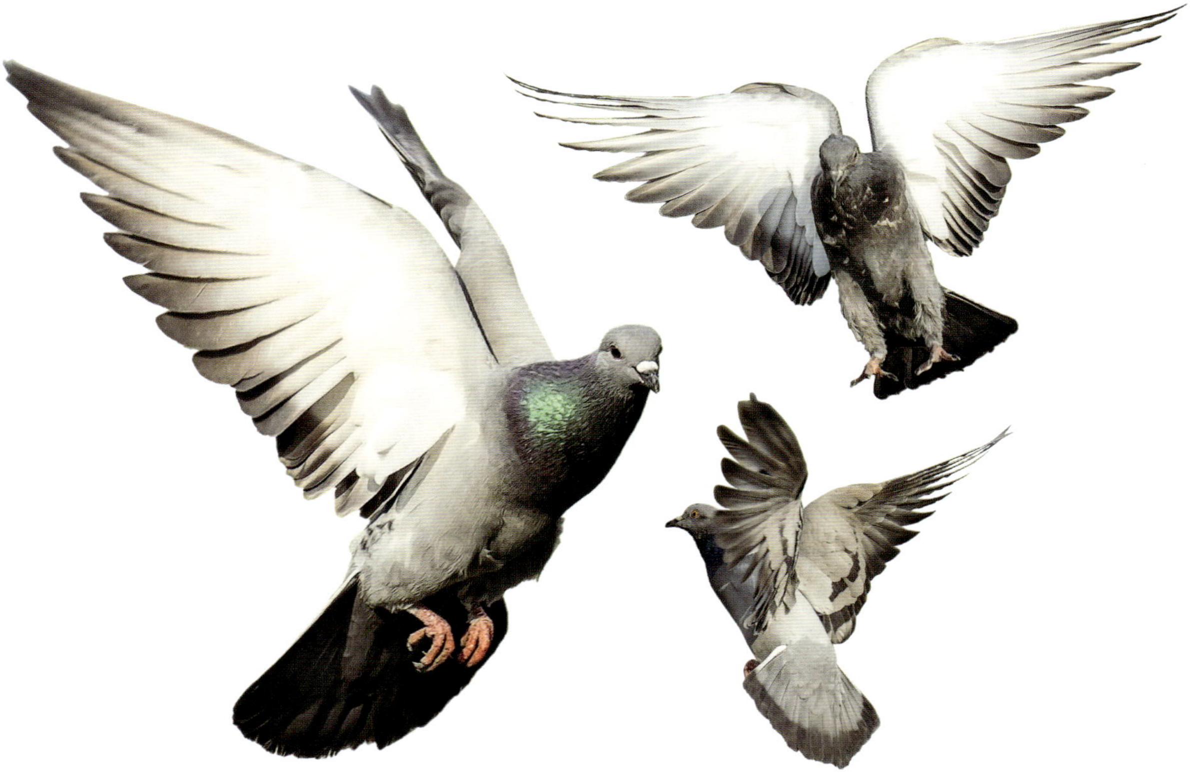

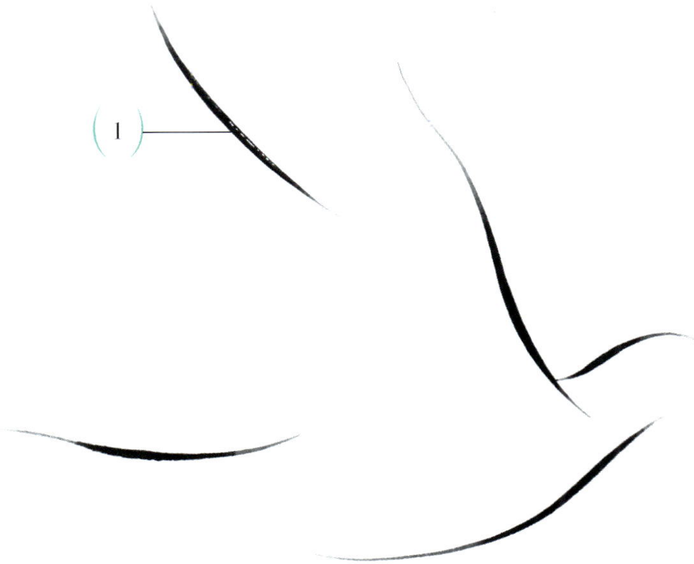

SCHRITT 1

Meine Formen sehen so aus – sind Ihre ähnlich? Die Skizze ist sehr einfach, aber gerade darum geht es. Dies sind die wichtigsten Linien des Vogels. Danach ziehen wir mit einem Bleistift Hilfslinien in diese Grundformen. Um Details wie Schnabel, Augen und Füße kümmern wir uns später. Es ist kein Problem, wenn Ihre Hilfslinien anders aussehen als meine. Machen Sie es auf Ihre Art.

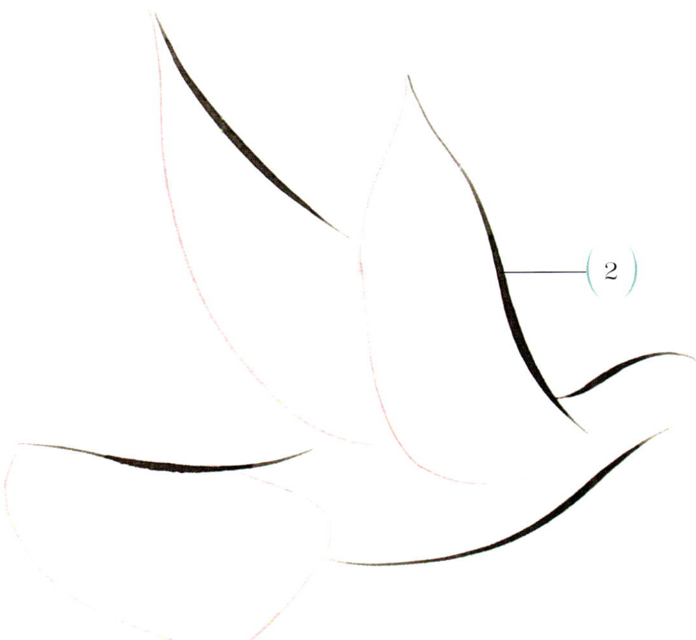

SCHRITT 2

Das sind meine Formen. Sie können sich wohl schon vorstellen, was als Nächstes kommt. Genau wie bei der Feder bringen wir innerhalb der Formen Verzierungen an.

Die Referenzfotos dienen als Hinweis, von wo die Verzierungen ausgehen sollten. Die Flügelfedern gehen vom Körper aus, also sollten Ihre Verzierungen vom Körper weg nach außen gehen.

Zu viele Details sind hier nicht nötig. Sehen Sie das Ganze als Skizze und spielen Sie mit den Formen, die Ihrem Werk die Anmutung eines Vogels vermitteln. Probieren Sie einfach herum.

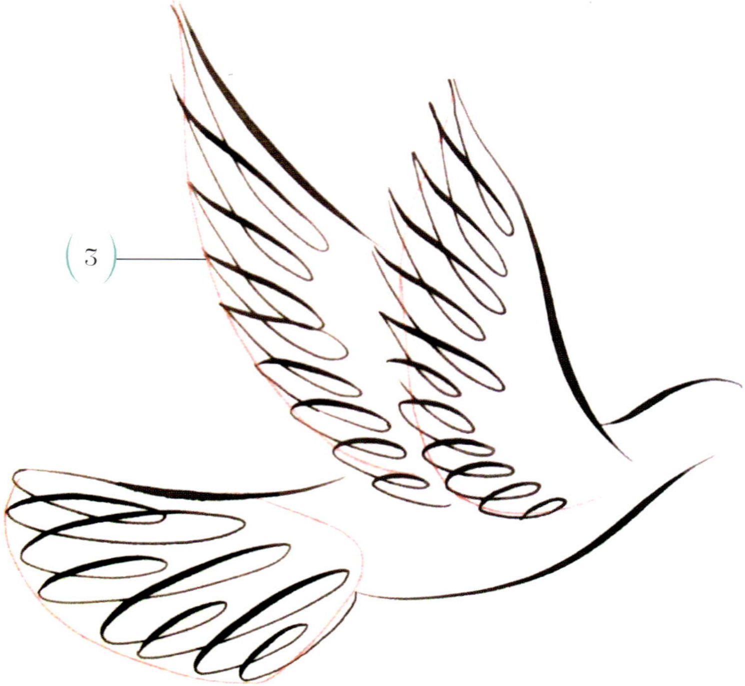

SCHRITT 3

Auf die Bleistiftstriche folgen ein paar schnelle erste Verzierungen. Ob diese Bogen in das endgültige Werk eingehen, weiß ich noch nicht. Aber sie waren den Versuch wert.

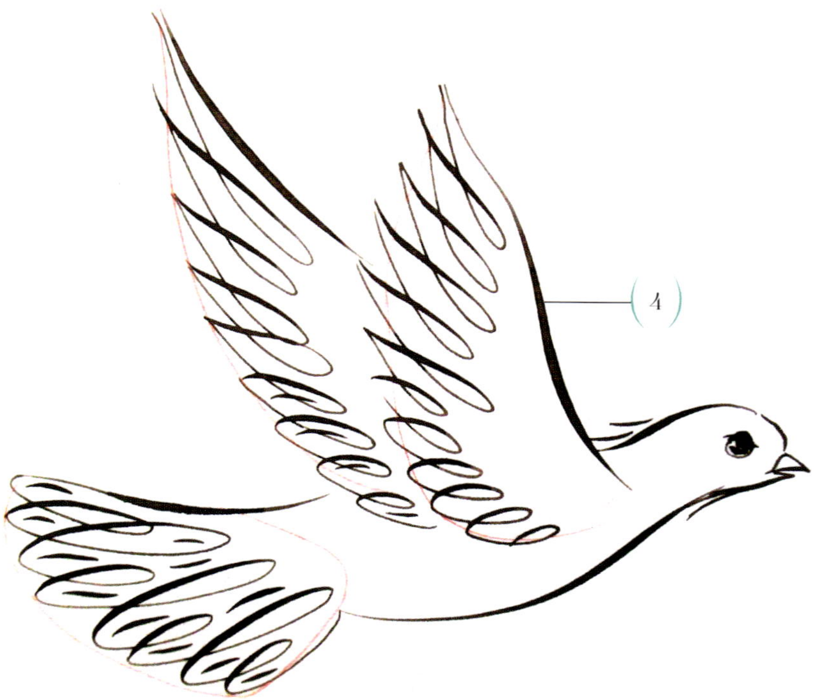

SCHRITT 4

Ich habe meine Zeichnung mit Augen und Schnabel komplettiert. Nun kann ich das Gelernte für meine endgültige Zeichnung verwenden. So möchte ich, dass das Auge weniger wie in einem Comic aussieht und den Flügeln mehr Details geben.

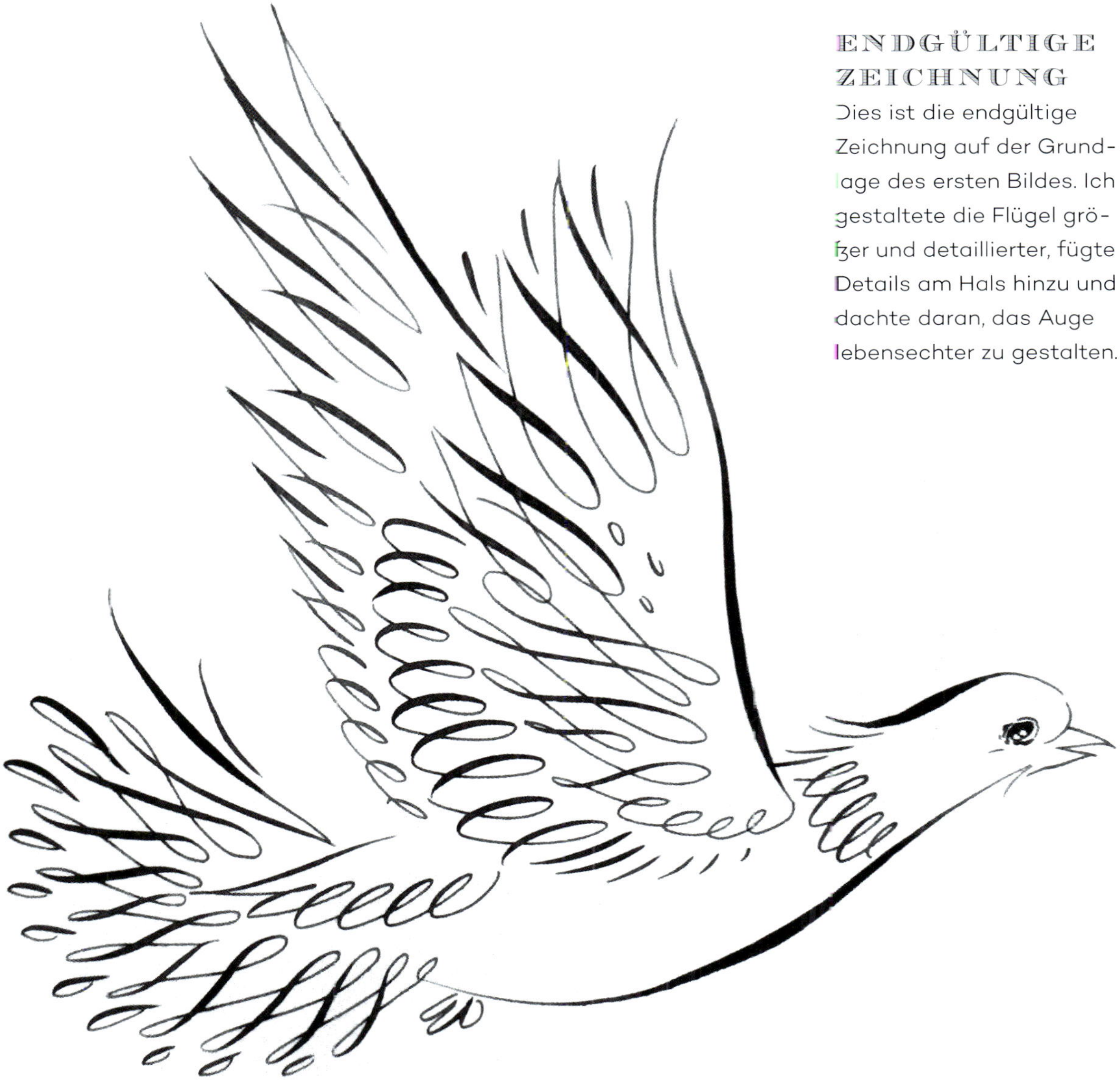

ENDGÜLTIGE ZEICHNUNG

Dies ist die endgültige Zeichnung auf der Grundlage des ersten Bildes. Ich gestaltete die Flügel größer und detaillierter, fügte Details am Hals hinzu und dachte daran, das Auge lebensechter zu gestalten.

TAUBE 2

Hier ist eine weitere Taube aus dem Referenzfoto, die eine andere Pose einnimmt. Sie ist etwas komplizierter, denn sie wendet sich nach vorn, und die Flügel stehen in einem ungewöhnlichen Winkel ab. Versuchen wir es.

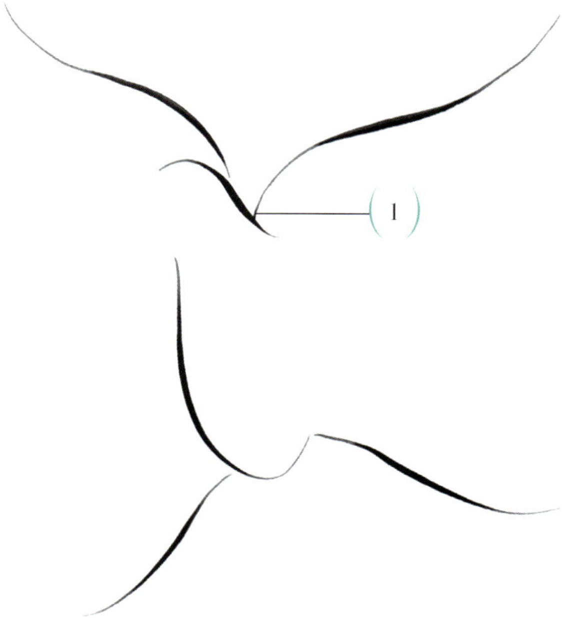

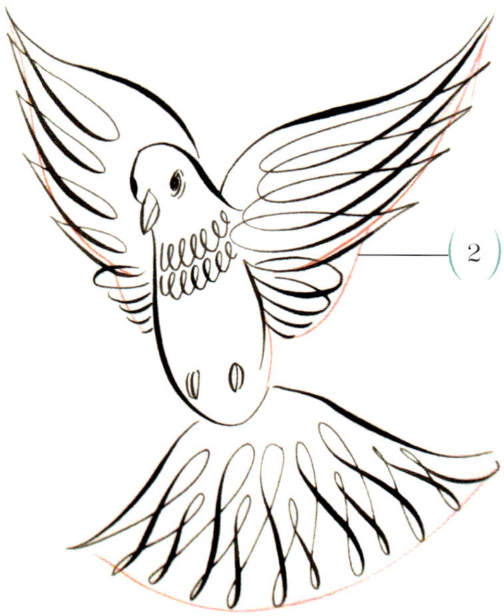

SCHRITT 1

Das sind die Grundstriche, die ich in diesem Vogel sehe. Ich habe den Kopf in das Profil gesetzt, weil er so einfacher zu zeichnen ist als von vorn gesehen. Dazu habe ich Flügel und Bauch ausgeprägter gestaltet.

SCHRITT 2

Das ist meine erste Skizze des Vogels. Ich mag die Schnörkel für Flügel, Schwanz und Schnabel und werde sie für meine endgültige Zeichnung übernehmen. Bei den Schleifen unter den Flügeln bin ich mir nicht so sicher. Ich denke, ich werde sie bei der endgültigen Zeichnung weglassen. Deshalb mache ich Skizzen. Ich möchte probieren, was funktioniert und was nicht.

ENDGÜLTIGE ZEICHNUNG

So sieht mein Vogel endgültig aus. Die Flügel sind aufwendiger verziert, und auf der Brust hat er zusätzliche Federn. Auch um die Flügel und um den Schwanz finden sich mehr Details. Solche kleinen Details geben Ihrem Werk mehr Tiefe.

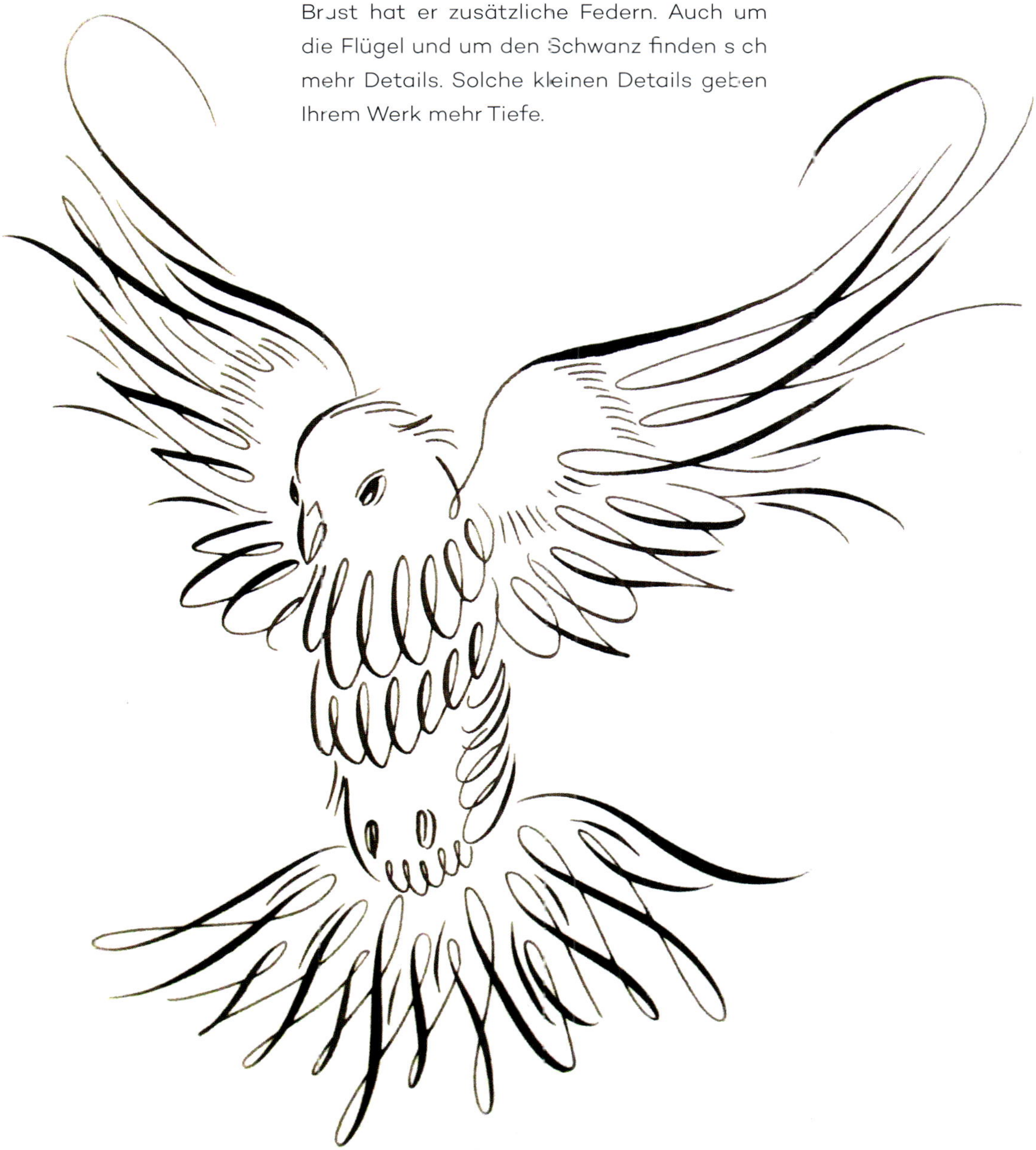

SCHWAN

Nun zeichnen wir einen Schwan. Mit seinem langen Hals und den großen Flügeln sieht er ganz anders aus als die Taube. Wie sieht Ihre Skizze dafür aus?

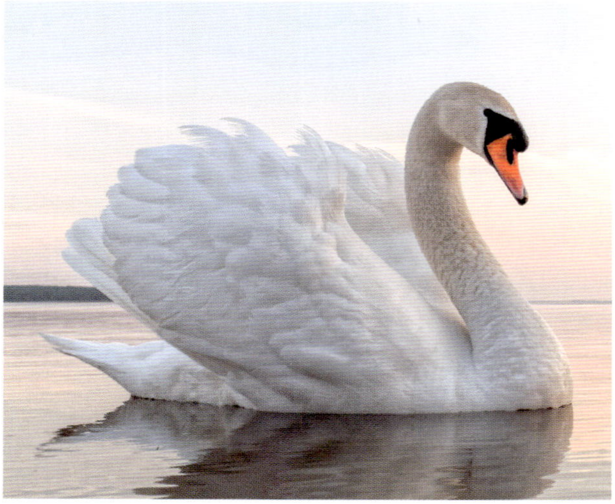

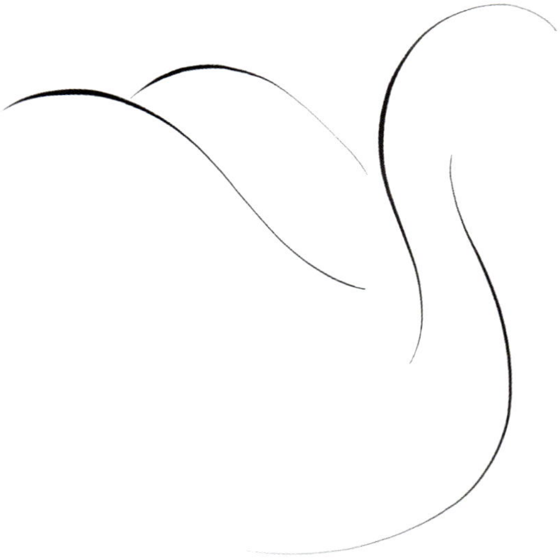

SCHRITT 1

So sieht meine Grundform für den Schwan aus. Am wichtigsten ist der lange Hals, gefolgt von den Flügeln.

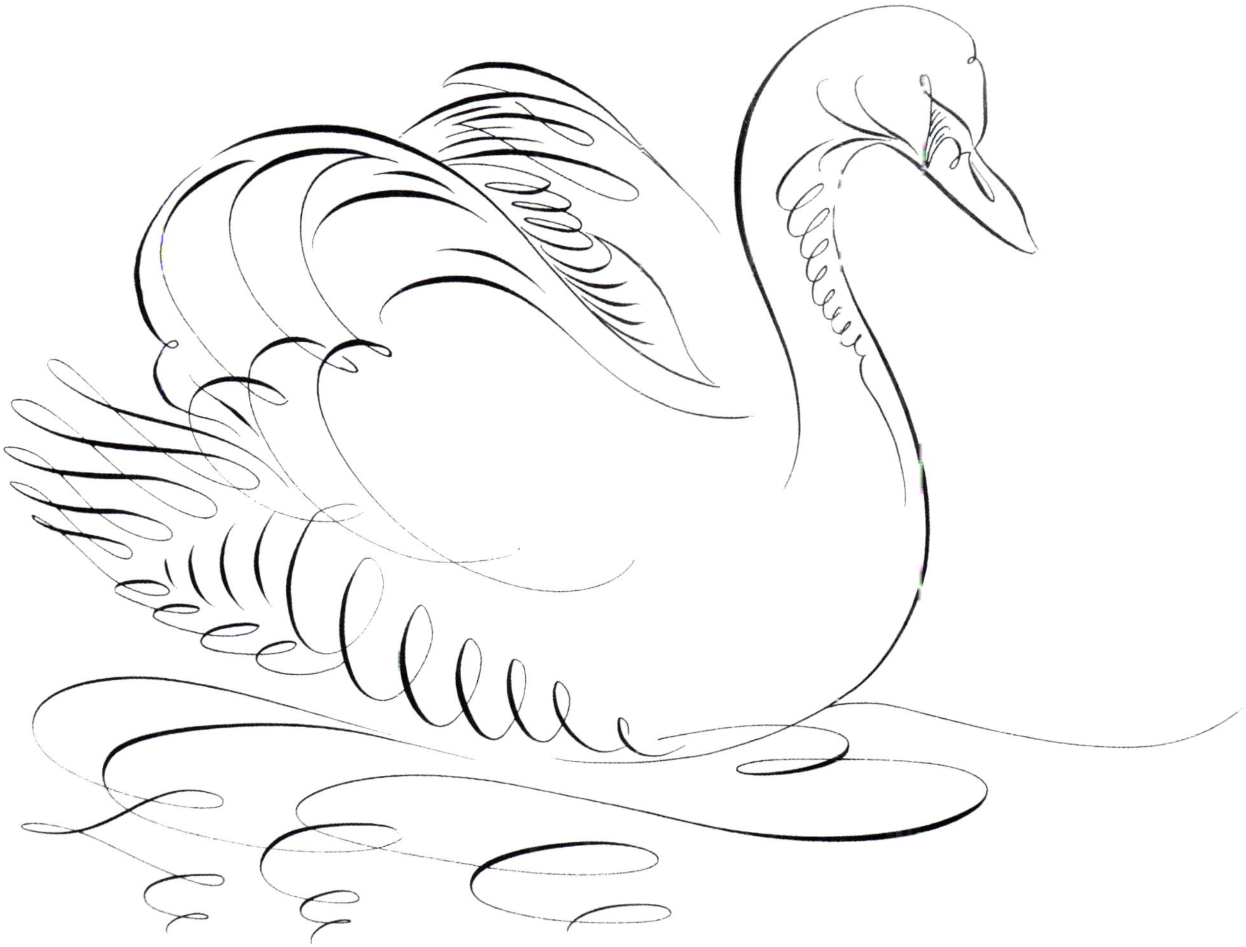

ENDGÜLTIGE ZEICHNUNG

So sieht mein Schwan endgültig aus. Sehen Sie, wo die Hilfslinien waren? Ich habe die Flügel abgerundet und Details an Schwanz und Schnabel hinzugefügt. Zum Schluss habe ich ein paar Schnörkel gezeichnet, um die Wellen im Wasser darzustellen. So schwebt der Vogel nicht mehr über dem leeren Raum.

HELLE UND DUNKLE TEXTUREN

Nun gehen wir einen Schritt weiter. Texturen sowie helle und dunkle Lichtwerte geben dem Werk mehr Charakter und Tiefe. Diese Werte können Sie auf verschiedene Art und Weise andeuten. Es kommt darauf an, die richtige Menge an Details und Textur einzufügen. Versuchen wir es.

ÜBUNG

SCHRITT 1

Zeichnen Sie mit einem Bleistift fünf organische Formen von etwa 2,5 cm Durchmesser und nummerieren Sie sie von 1 bis 5. Sie können eckiger oder runder sein. Wichtig ist, dass es Freihandzeichnungen ohne Lineal sind.

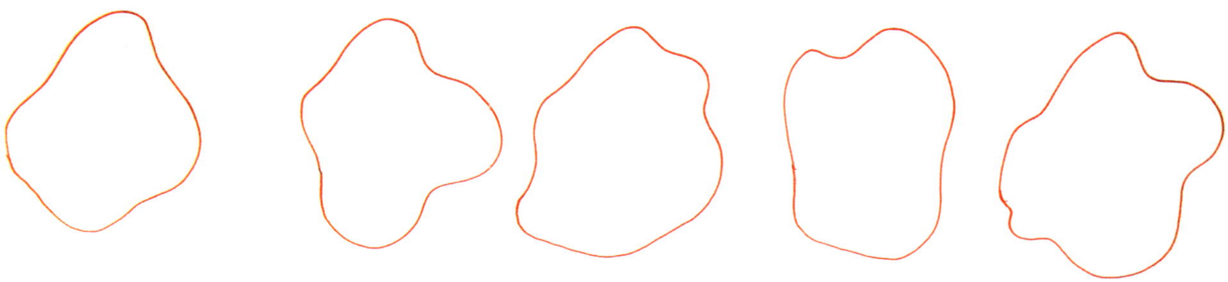

1 2 3 4 5

SCHRITT 2

Geben Sie Nr. 3 eine schlichte Verzierung. Sie dient dann als Referenz dafür, wie hell und dunkel die anderen werden sollen. Nr. 2 sollte etwas heller sein als Nr. 3, Nr. 4 wiederum etwas dunkler. Wir wollen einen allmählichen Übergang von der hellsten Nr. 1 bis zur dunkelsten Nr. 5.

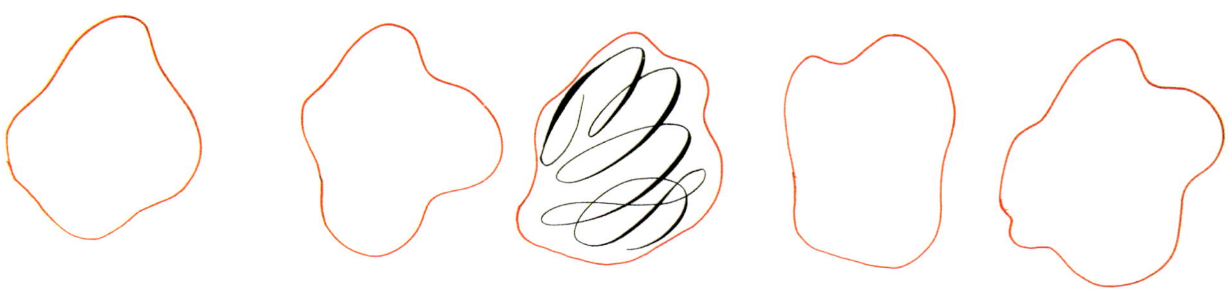

1 2 3 4 5

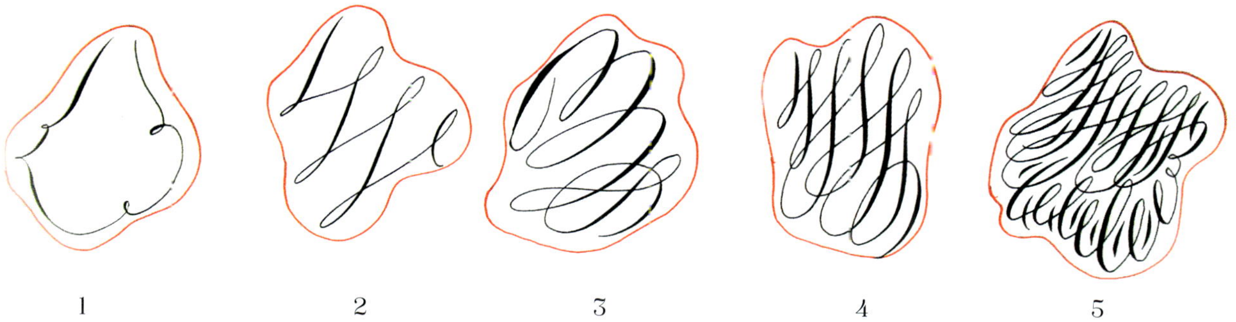

ENDGÜLTIGE ZEICHNUNG

So sieht mein Ergebnis aus. Achten Sie auf den weißen Raum um Ihre Verzierungen. Je mehr weißer Raum, desto heller wirkt das Werk. Und je weniger weißer Raum, desto dunkler sieht es aus. Da ist wichtig für die nächsten kalligrafischen Zeichnungen.

Ich habe diese Texturen mit verschiedenen Dicken, Mustern und kurzen Strichen erzeugt. Bei Nr. 1 und 2 sind es wenige Striche, um möglichst viel weißen Raum zu lassen. Sie können ein Werk mit Texturen immer noch dunkler machen, umgekehrt geht es leider nicht. Fangen Sie also mit hellen bis mittleren Werten an und arbeiten Sie sich bei Bedarf bis zur Nr. 5 durch.

VERSUCHEN WIR ES

Hier sind drei weitere Muster der gleichen Übung. Ich habe Form Nr. 3 in der ersten Reihe, Nr. 4 in der zweiten Reihe und Nr. 2 in der dritten Reihe durch Verzierungen ergänzt. Füllen Sie anhand dieser Muster die anderen Formen aus, mit den hellsten Werten links und den dunkelsten rechts.

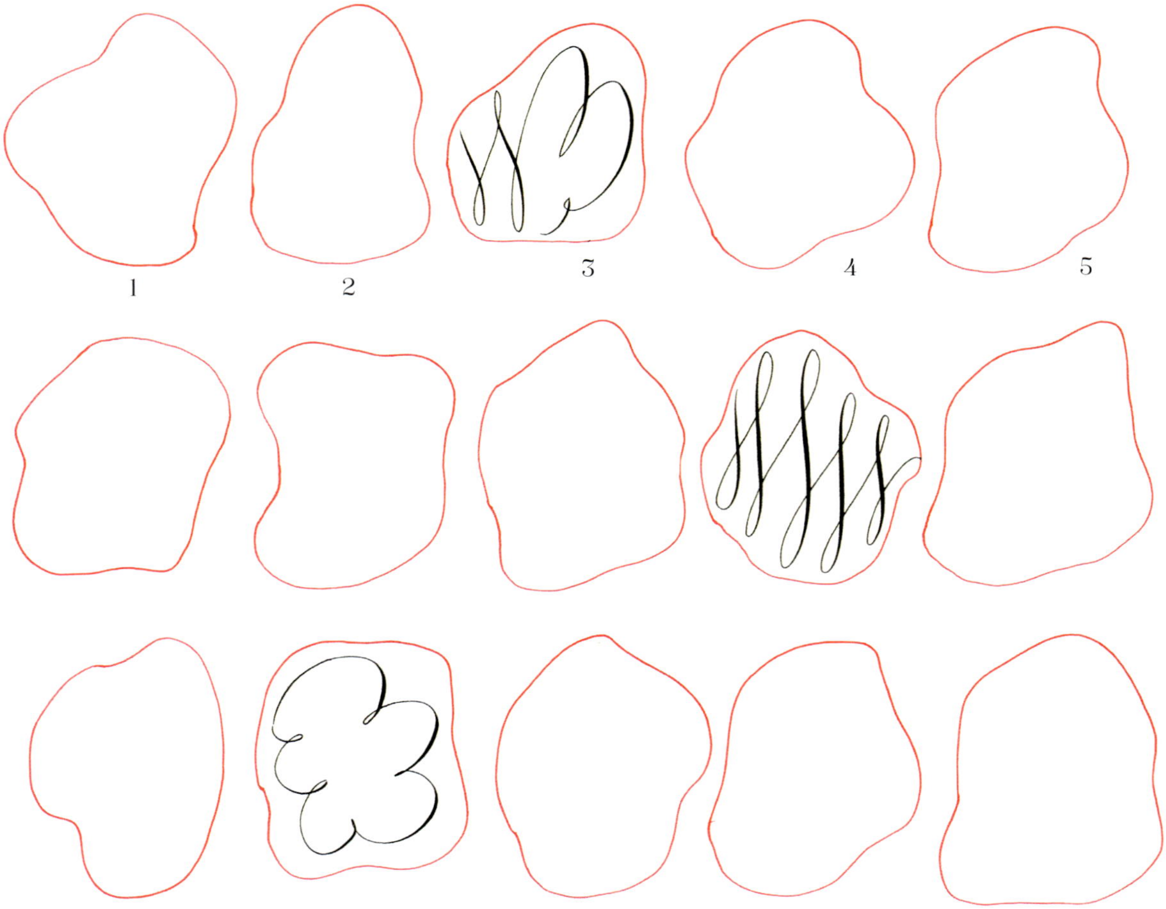

So sieht meine fertige Übung aus.

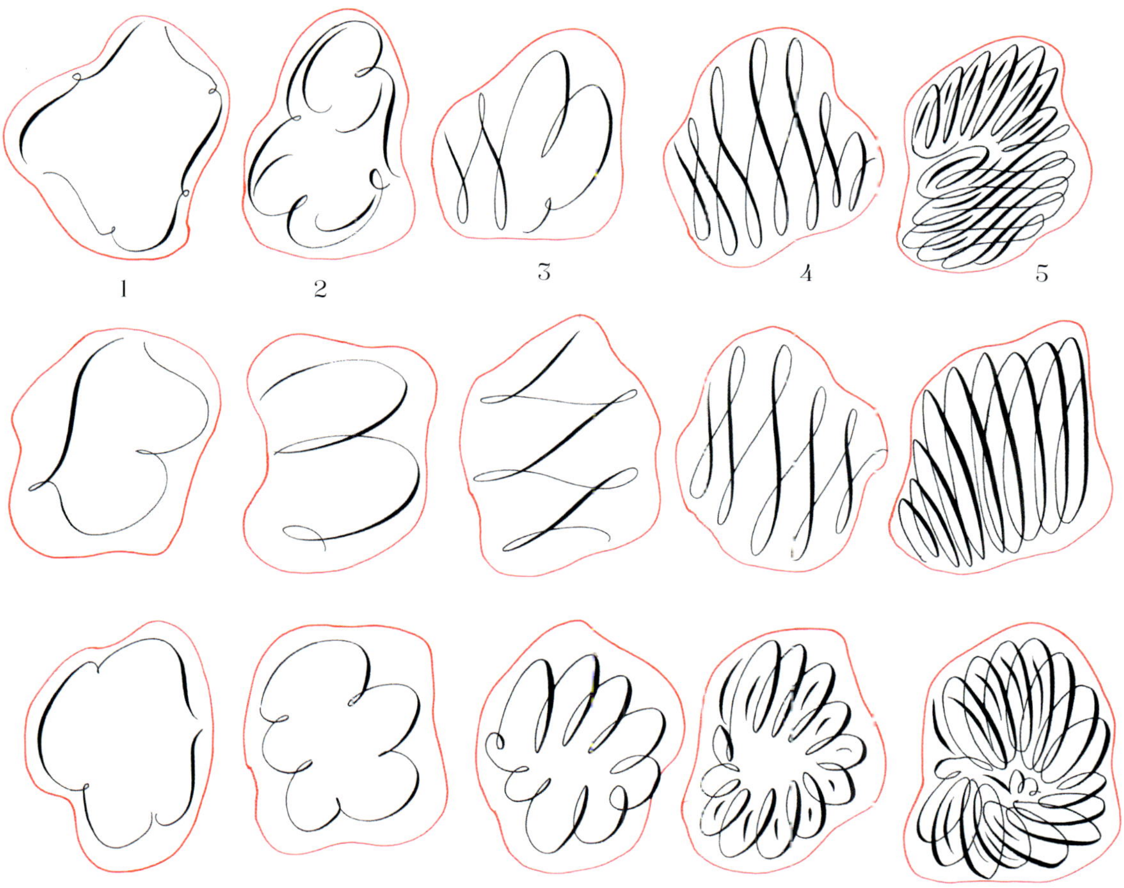

TIPP

Diese unterschiedlichen Helligkeitswerte können verwirrend sein. Wenn Sie frustriert sind, atmen Sie tief durch und blinzeln Sie auf die Formen. So sehen Sie eher die Helligkeitswerte als die Linien.

KRANICH

Nun wollen wir mithilfe der neuen Übungen etwas besonders Schönes zeichnen. Dies ist ein Südafrika-Kronenkranich. Dieser wunderbare Vogel hat viele Formen sowie helle und dunkle Partien, aber lassen Sie sich davon nicht abschrecken. Wir gehen Schritt für Schritt, Form für Form vor und verzieren jede Partie einzeln.

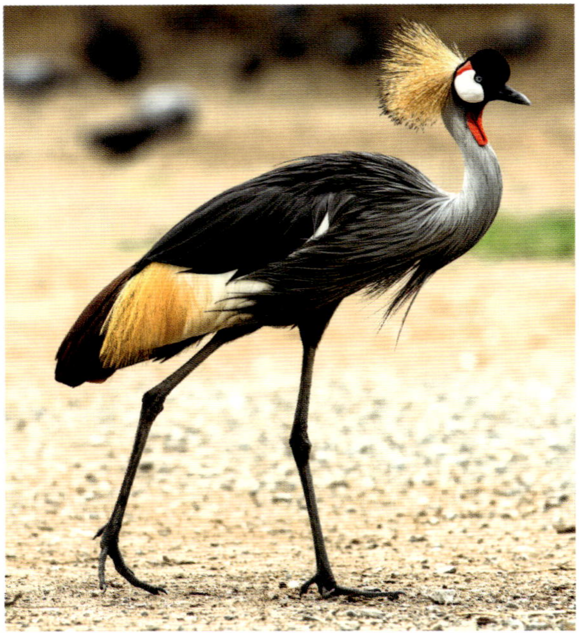

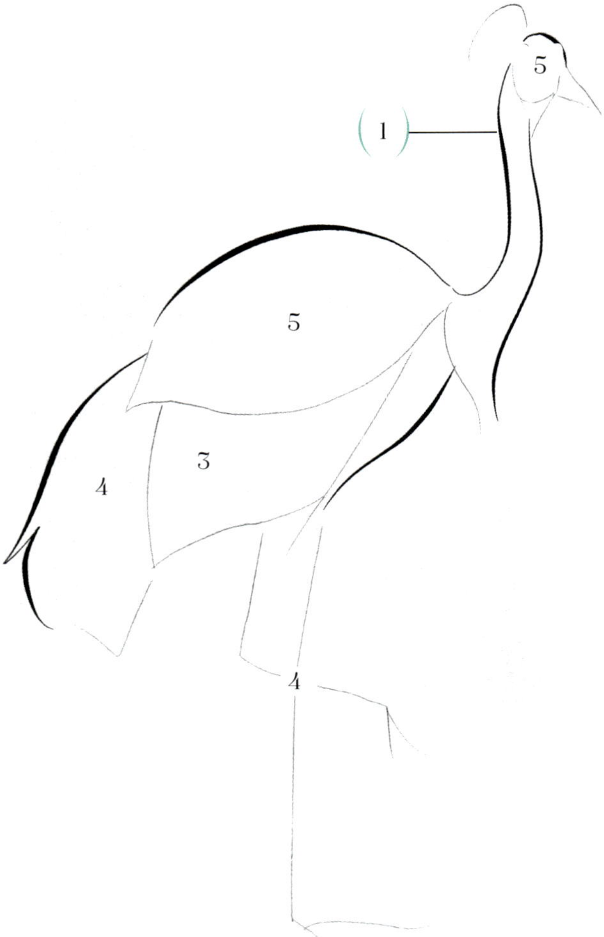

SCHRITT 1

Links finden Sie die Grundstriche und Grundformen, die ich entdeckt habe. Sie müssen nicht perfekt sein, denn Sie sind ja bestimmt kein Ornithologe.

Betrachten wir zunächst die hellsten und dunkelsten Partien. Ich denke, der Kopf und der obere Flügel entsprächen einer 5, gefolgt von Schwanz und Beinen.

Und ja, ich habe die Position der Beine geändert. Diese wirkt selbstsicherer und raffinierter. Scheuen Sie nicht davor zurück, Details zu ändern. Sie sind der Künstler!

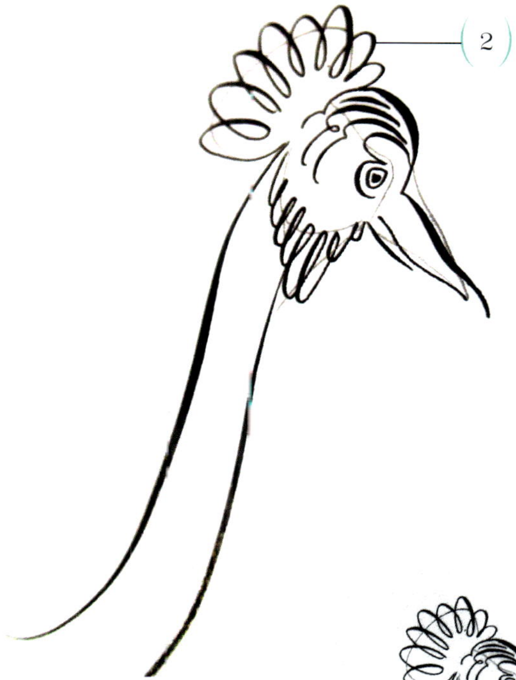

SCHRITT 2

Die Krone und der Kehlsack müssen auf den Wert von 5 gebracht werden. Deshalb habe ich einige Details auf kleinem Raum hinzugefügt.

Die Kronenfedern zeichnete ich flaumig und eher rund. Nach einem Blick auf das Referenzfoto denke ich, sie hätten steifer und spitzer sein sollen. Daran werde ich bei der endgültigen Zeichnung denken.

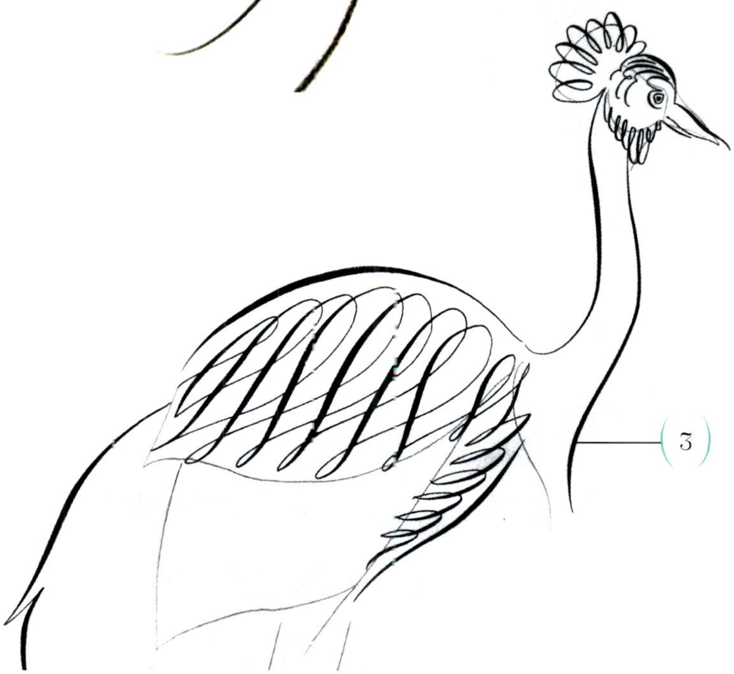

SCHRITT 3

Ich fange gern mit dem Kopf an und gehe dann an die dunkelsten Bereiche. Also folgt der Flügel, der ebenfalls einen Wert von 5 hat. Ich zeichnete große, fette Verzierungen die in einem Wirbel an der Brust auslaufen.

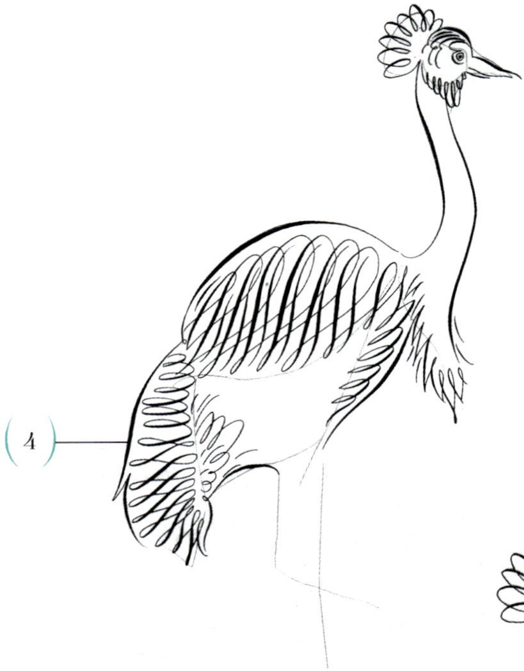

SCHRITT 4

Nun folgt der Schwanz. Ich hatte ihn als 4 markiert, aber mit ein paar zusätzlichen Strichen wurde er fast so dunkel wie der Flügel. Bei der endgültigen Zeichnung werde ich auf Ausgewogenheit achten.

Dazu habe ich Federn an der Brust angebracht. Ich mag die abstehenden, gekrausten Federn und wollte sie im Bild einfangen.

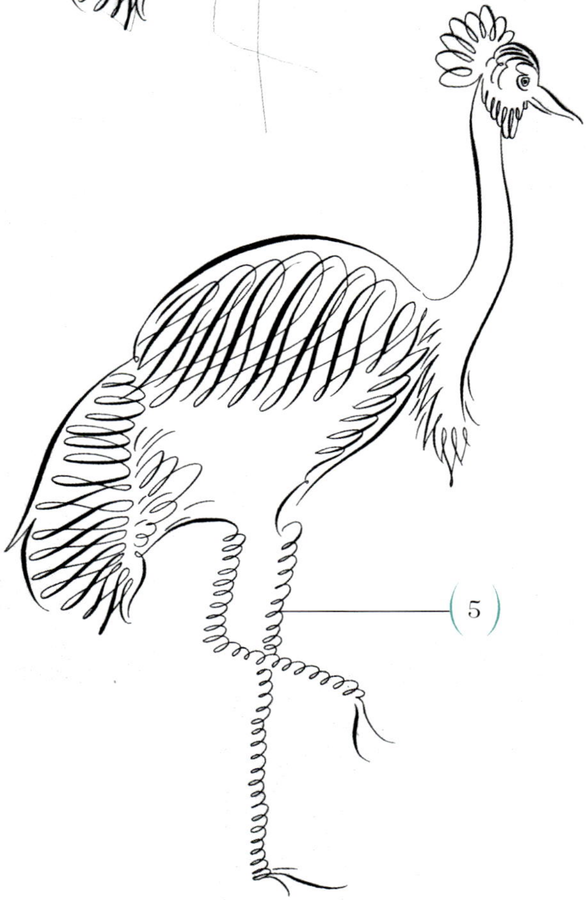

SCHRITT 5

Ich habe aus dieser Skizze viel gelernt und mir notiert, was ich beibehalten und was ich ändern muss. Die Federn der Krone müssen spitzer werden, sonst sieht der Vogel aus wie ein Hahn – finden Sie nicht auch? Flügel und Schwanz haben mehr Details erhalten, weil sie mir in der Skizze zu schlicht waren. Aber die gekringelten Beine werde ich beibehalten. Sie gefallen mir so.

Nachdem die Korrekturen notiert sind, ist es Zeit für die endgültige Zeichnung.

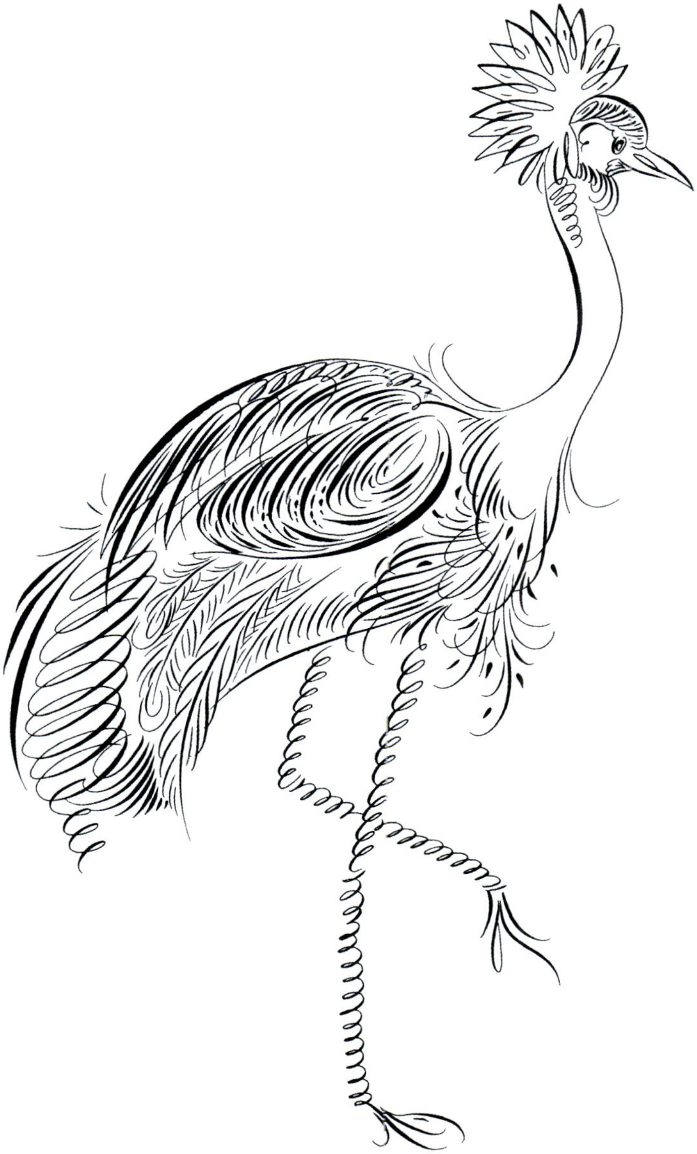

ENDGÜLTIGE ZEICHNUNG

Hier ist mein Südafrika-Kronenkranich. Er ist besser proportioniert und hat mehr Details am Kopf. Ich habe die Krone auch spitzer gemacht. Dieses kleine Detail sorgt dafür, dass der Vogel nicht mehr aussieht wie ein Hahn, sondern wie ein eleganter Kranich. Es lohnt sich, die auffälligsten Partien eines Tieres zu übertreiben.

Durch die stärkere Unterteilung der Flügel und des Schwanzes konnte ich viel mehr Details unterbringen. Nun hat mein Kranich ein aufwendiges Federkleid aus Schnörkeln und Strichen sowie federkielartige Abschnitte vor dem Schwanz. Bei diesem endgültigen Bild habe ich sehr darauf geachtet, den Unterschied zwischen den Werten 3, 4 und 5 herauszustellen.

Dazu habe ich die Federn an der Brust vergrößert und dekorative Tupfer eingefügt. Das ist meine Lieblingspartie. Es sieht aus, als ob der Kranich Pailletten tragen würde.

TIPP

Drehen Sie das Papier herum, um die günstigste Position für die jeweiligen Verzierungen zu finden. Manchmal drehe ich das Papier mehrmals in verschiedenen Richtungen herum, bis ich die perfekte Position habe.

HAHN

Nach so viel Gerede über Federn habe ich Lust darauf, einen Hahn zu zeichnen. Lasst es uns versuchen!

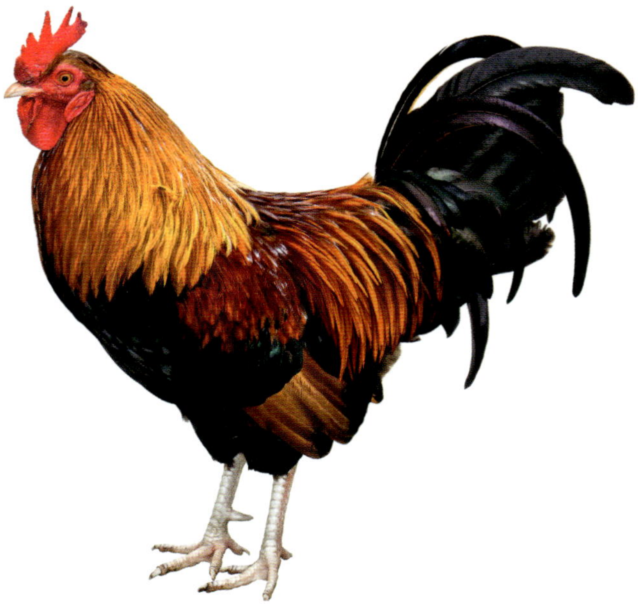

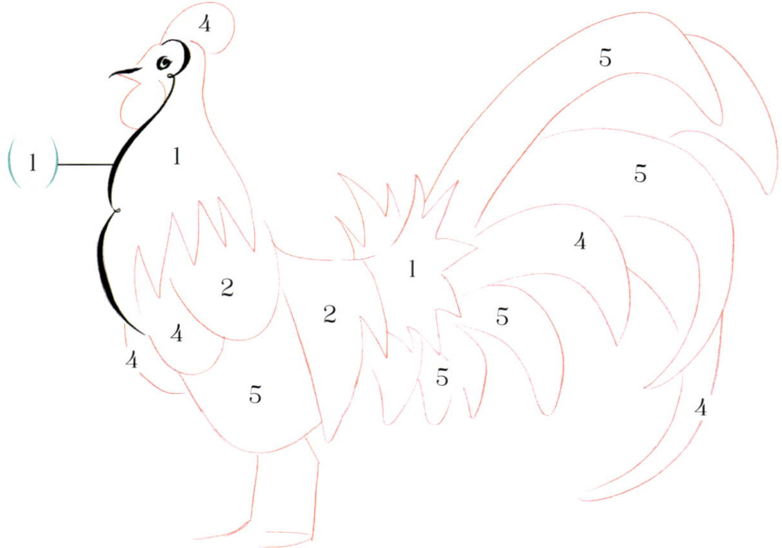

SCHRITT 1

Hier ist meine Aufteilung in Partien. Oh, das sind ganz schön viele. Sie können mein Vorbild nachzeichnen oder eigene Partien entwerfen und verzieren, ohne sich die folgenden Seiten anzusehen. Wenn Sie nicht weiterkommen, lassen Sie sich durch einen schnellen Blick inspirieren. Aber versuchen Sie es zunächst selbst. Jeder verziert anders, und Sie werden schnell einen eigenen Stil entwickeln..

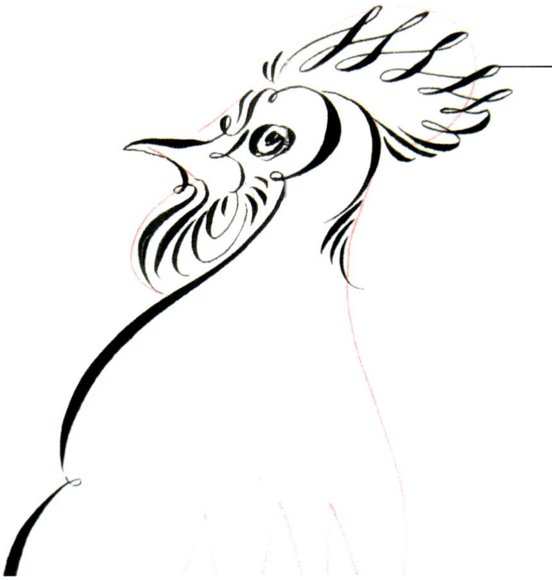

2

SCHRITT 2

Ich habe von dem Kranich gelernt und achte darauf, dass der Hahnenkamm wirklich zu einem Hahn passt.

Ich beginne den Kopf beim Kehllappen und ziehe die Verzierungen hoch zum Schnabel und zur Stirn. Ich wollte kein Knopfauge haben, aber auch nicht zu viel daran arbeiten, damit sich nicht die Tinte sammelt und zu einem Klecks führt.

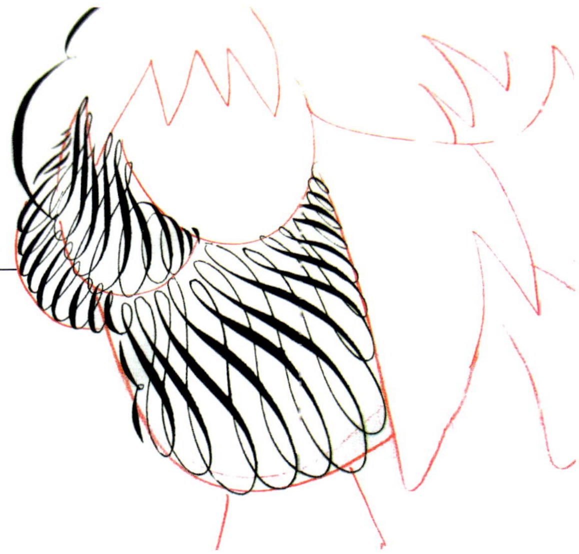

3

SCHRITT 3

Nun kommt die Brust, die dunkelste Partie. Das erzeuge ich mit groß angelegten Schnörkeln. Mit dem Schwanz lasse ich mir noch Zeit. Er ist kompliziert und verlangt viel Aufmerksamkeit. Diese Partie hebe ich mir für zuletzt auf.

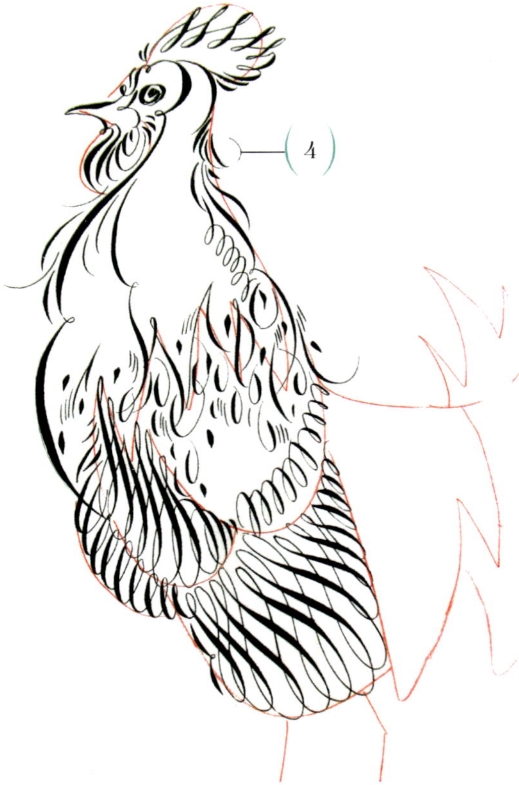

SCHRITT 4

Der Hals ist schwierig, denn er ist sehr hell, etwa 1 oder 2, und muss sich von allen anderen Partien abheben. Ich nutze den weißen Raum und ergänze ihn nur durch ein paar dünne Striche und Kringel als Textur. Auf dem Foto sehen die Federn sehr glatt aus, aber ich habe sie zerzaust, damit sie interessanter wirken. Und ein paar „Pailletten" machen den Hahn schicker.

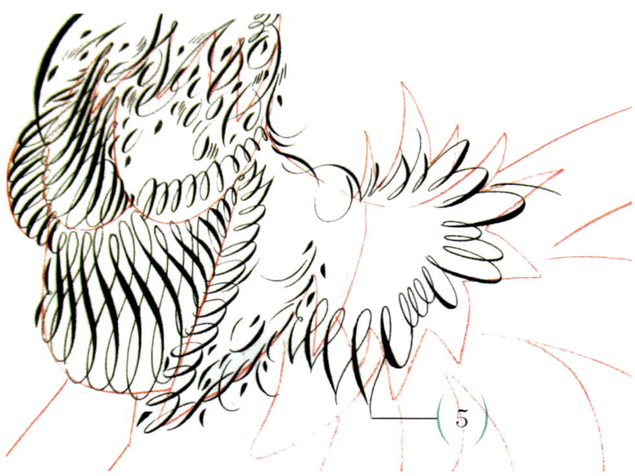

SCHRITT 5

Auch der Rücken ist einfach gehalten: viel weißer Raum und ein paar hübsche gewellte Verzierungen.

Am Schwanzansatz habe ich ein weißes Federbüschel hinzugefügt. Das gibt es auf dem Foto nicht, aber ich habe es schon gesehen, und es gefällt mir. Tut mir leid, Vogelfreunde! Dies ist ein ganz speziell verzierter Hahn.

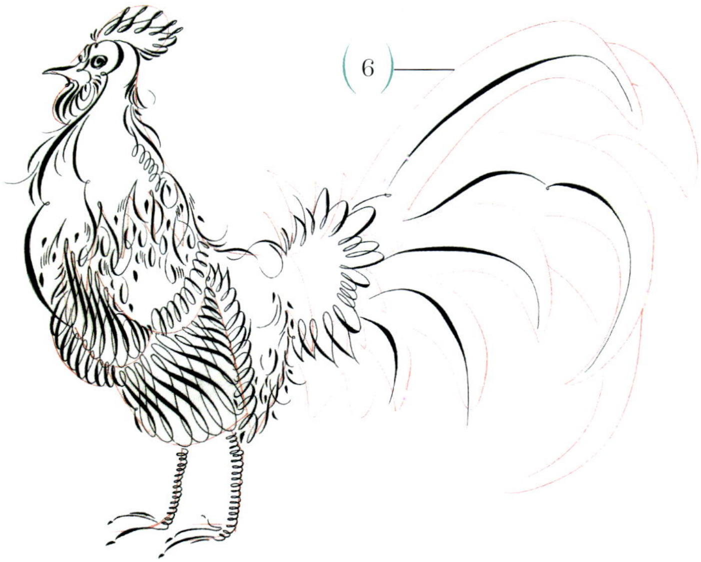

SCHRITT 6

Nun folgt der Schwanz. Mit ein paar kühnen Strichen habe ich die einzelnen Partien unterteilt. Das habe ich in letzter Minute entschieden, aber diese Partien sind sehr großräumig. Mit einer Unterteilung lassen sie sich leichter verzieren.

Bei den Füßen nutzte ich die gleichen Bogen wie beim Kranich. Das funktioniert hier recht gut. Beachten Sie die spitzen Zehennägel. Das sind winzige Tupfen, aber sie geben dem Tier gleich viel mehr Charakter.

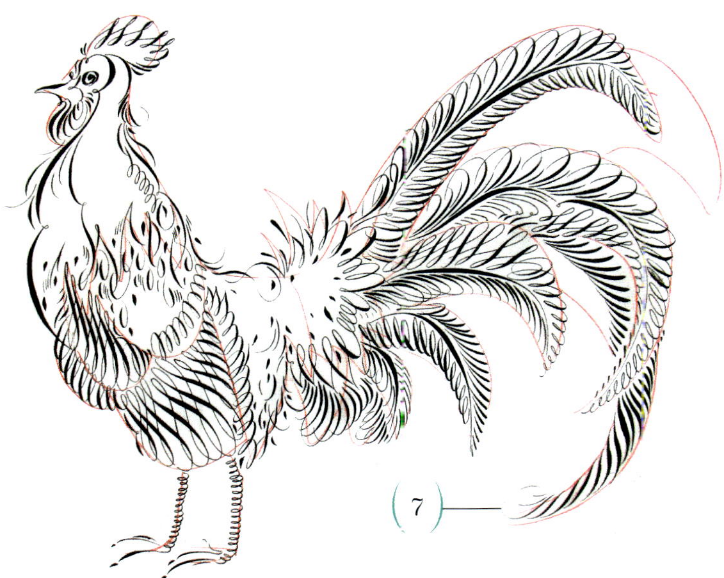

SCHRITT 7

Beim Schwanz habe ich verschiedene Verzierungen probiert. Das Experimentieren hat Spaß gemacht.

ENDGÜLTIGE ZEICHNUNG

So sieht mein Hahn aus. Nach dem Löschen der Bleistiftstriche habe ich das Tier mit weiteren Details und kleinen Wellen aufgepeppt. Nun haben wir wirklich einen stolzen Hahn.

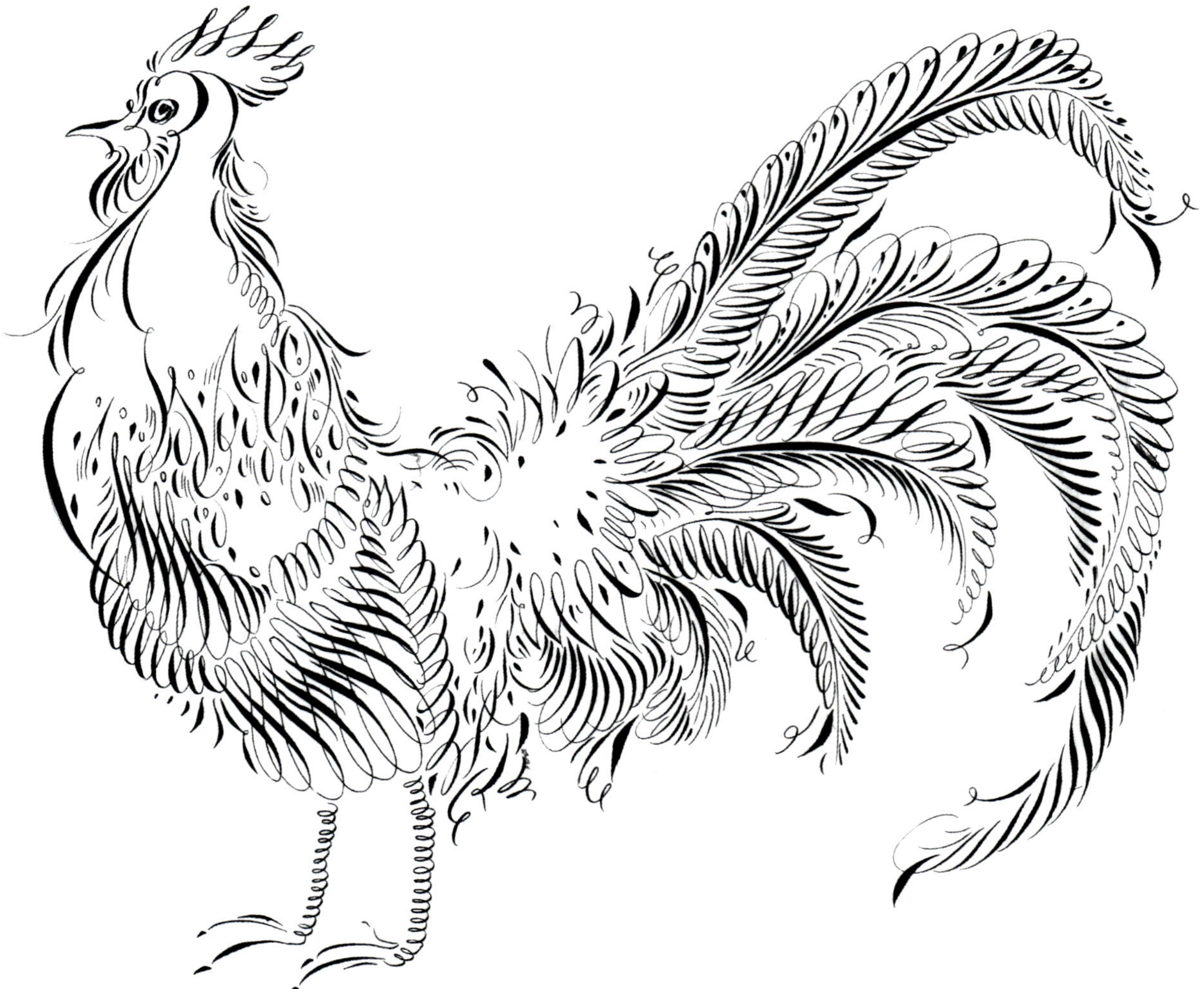

TIPP

Waschen Sie vor dem Zeichnen Ihre Hände mit Wasser und Seife. So sind sie frei von Fetten, die sich auf das Papier übertragen können. Fette weisen Tinte ab und haben so einen negativen Einfluss auf das Aussehen Ihres Kunstwerks. Das ist meistens sehr frustrierend. Sie können auch beim Zeichnen ein kleines Stück Papier unter die Hand legen, um Ihr Papier zu schützen.

QUALLE

Und nun zu etwas ganz anderem. Quallen lassen sich gut zeichnen, weil ihre Tentakeln schon wie lebende Verzierungen wirken.

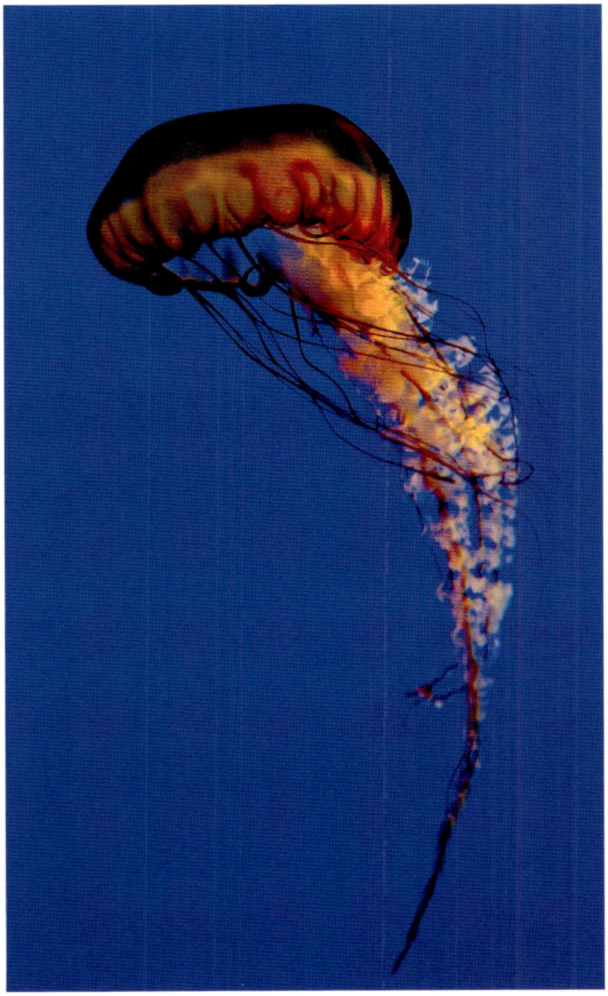

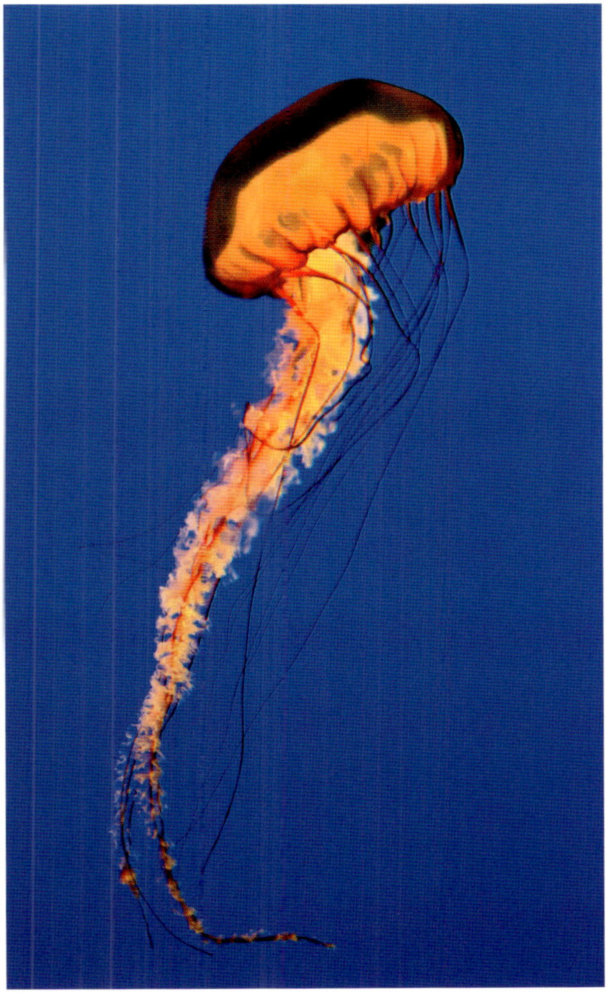

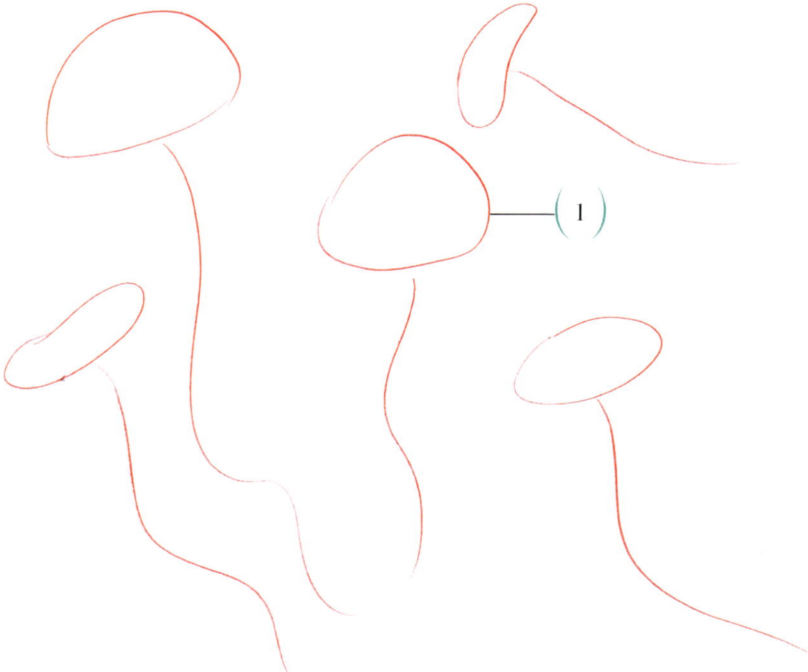

SCHRITT 1

Hier ist die Unterteilung recht einfach. Der Körper besteht aus einer Reihe von Ovalen. Die Richtung der Tentakeln habe ich mit ein paar rudimentären Hilfslinien skizziert.

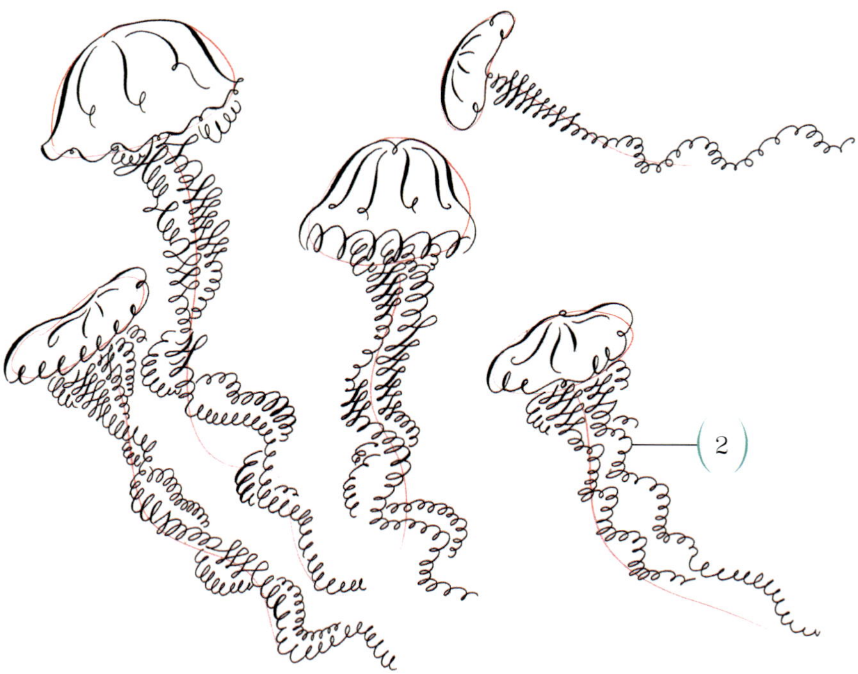

SCHRITT 2

Der Körper lässt sich einfach und sparsam verzieren, aber das meiste spielt sich bei den Fangarmen ab. Sie beginnen in dem schwammigen Bereich direkt unter dem Körper und zweigen von dort ab. Mit diesen Fangarmen ernährt die Qualle sich.

Ich habe mir bei der Verzierung der Fangarme besondere Mühe gegeben, ohne meine Grundsätze aufzugeben. Sie können auch versuchen, mit anderen Verzierungen einen ähnlichen Look zu erzielen.

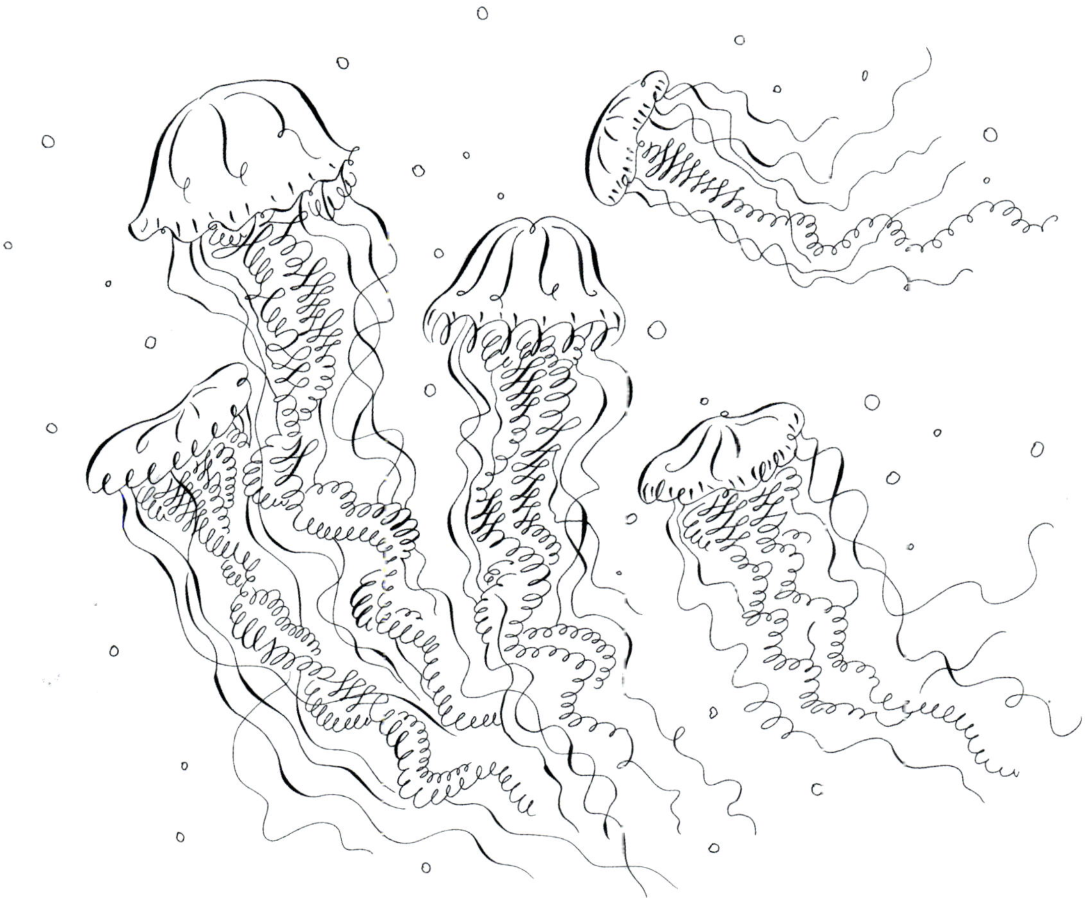

ENDGÜLTIGE ZEICHNUNG

Nach den Fangarmen kommen nun die Tentakeln. Das sind eigentlich feine Linien, aber ich habe fette und dünne Striche benutzt, damit das Werk lebendiger wirkt.

Wenn Sie genau hinsehen, merken Sie, dass einige Tentakeln hinter den Fangarmen verschwinden und auf der anderen Seite wieder auftauchen. Das gibt der Zeichnung Tiefe.

Zusätzlich habe ich Luftblasen in verschiedenen Größen hinzugefügt.

TIPP

Vor den letzten Linien lösche ich stets die Bleistiftstriche. Sobald diese Hilfslinien weg sind, sehen Sie genau, was noch fehlt. Achten Sie aber darauf, dass die Tinte vor dem Radieren völlig trocken ist.

Trockene Sumi-Tusche z. B. glänzt, weshalb man nicht leicht erkennen kann, ob sie wirklich trocken ist. Wenn Sie die Zeichnung auf Augenhöhe halten, können Sie sehen, ob die Tinte flach ist oder sich noch wölbt.

GOLDFISCH

Goldfische lassen sich gut zeichnen. Ihre weichen, schwebenden Schwänze lassen sich gut verzieren. Ich habe mit Goldfischen angefangen, als ich die ersten Verzierungen geübt habe.

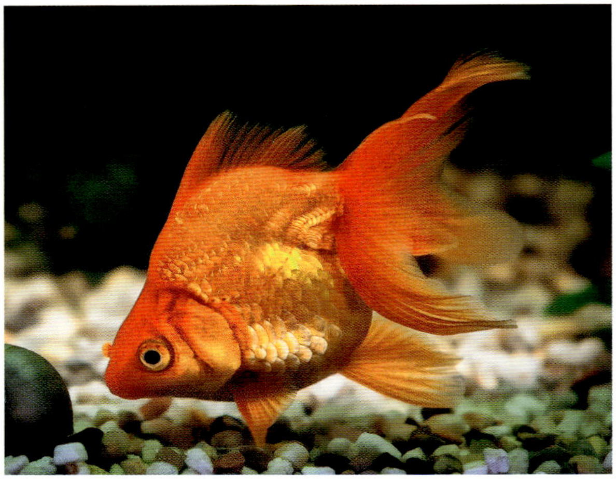

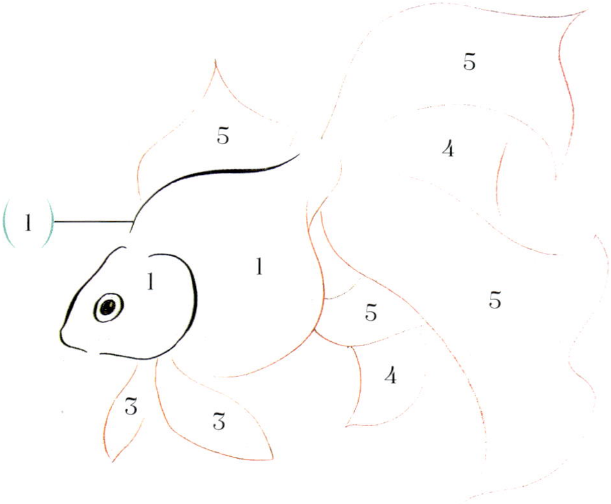

SCHRITT 1

Das sind die Körperpartien meines Goldfischs. Die Zeichnung ist recht groß – von der Nasenspitze zum Ende des Schwanzes etwa 16,5 cm. Da gibt es viel Raum abzudecken, und deshalb fallen die Körperpartien auch groß aus. Kleinere Partien lassen sich leichter verzieren, aber nehmen wir die Herausforderung an.

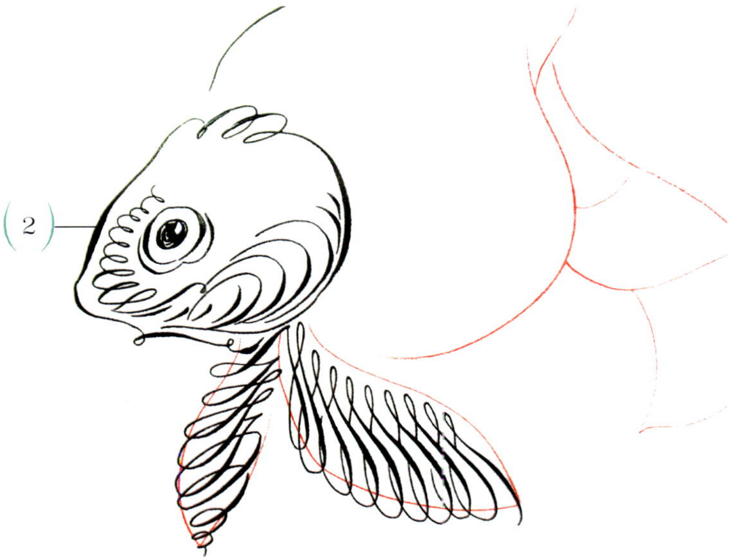

SCHRITT 2

Wie immer habe ich zunächst das Gesicht vervollständigt. Die Augen sind besonders groß und glänzend, und vorn sind Brustflossen hinzugefügt.

Die Verzierungen gehen etwas über die Hilfslinien hinaus, was kein Problem ist, solange der Gesamteindruck stimmig ist. Schließlich werden die Bleistiftlinien ja wegradiert.

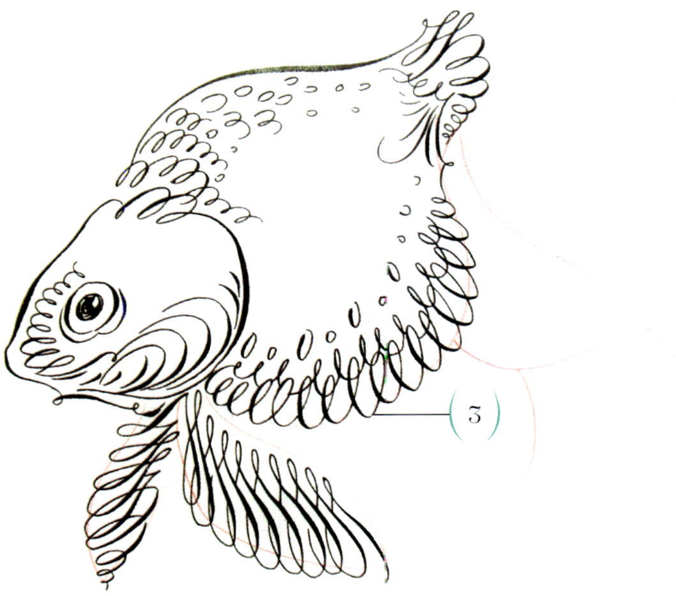

SCHRITT 3

Der Körper ist wegen der Schuppen nicht ganz einfach, aber ich habe das Problem mit Schleifen und Kringeln gelöst. Ich habe nicht den ganzen Raum ausgefüllt, weil auf dem Foto eine große glänzende Stelle ist. Sie hat den Wert 1 und wird folglich überhaupt nicht bearbeitet.

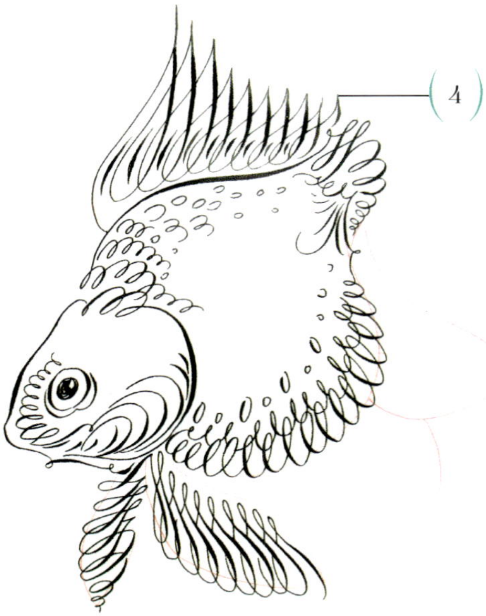

SCHRITT 4

Die Rückenflosse macht am meisten Spaß. Ich habe sie fett und spitz gezeichnet, aber nicht ganz so fett wie die folgenden Partien.

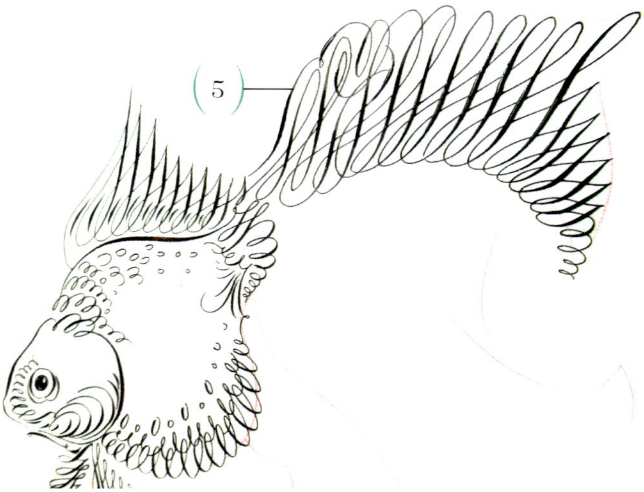

SCHRITT 5

Große, auffällige Räume sind immer schwer zu verzieren. Wenn Sie anfangen, ziehen Sie die Verzierungen durch und denken Sie nicht ans Aufhören.

Sie sehen, dass ich hier zögernd begonnen habe. Sobald ich aber den Rhythmus hatte, wurden die Schleifen immer sicherer. Sorgen Sie sich nicht zu sehr um Perfektion, schließlich machen diese kleinen Abweichungen das Bild erst interessant.

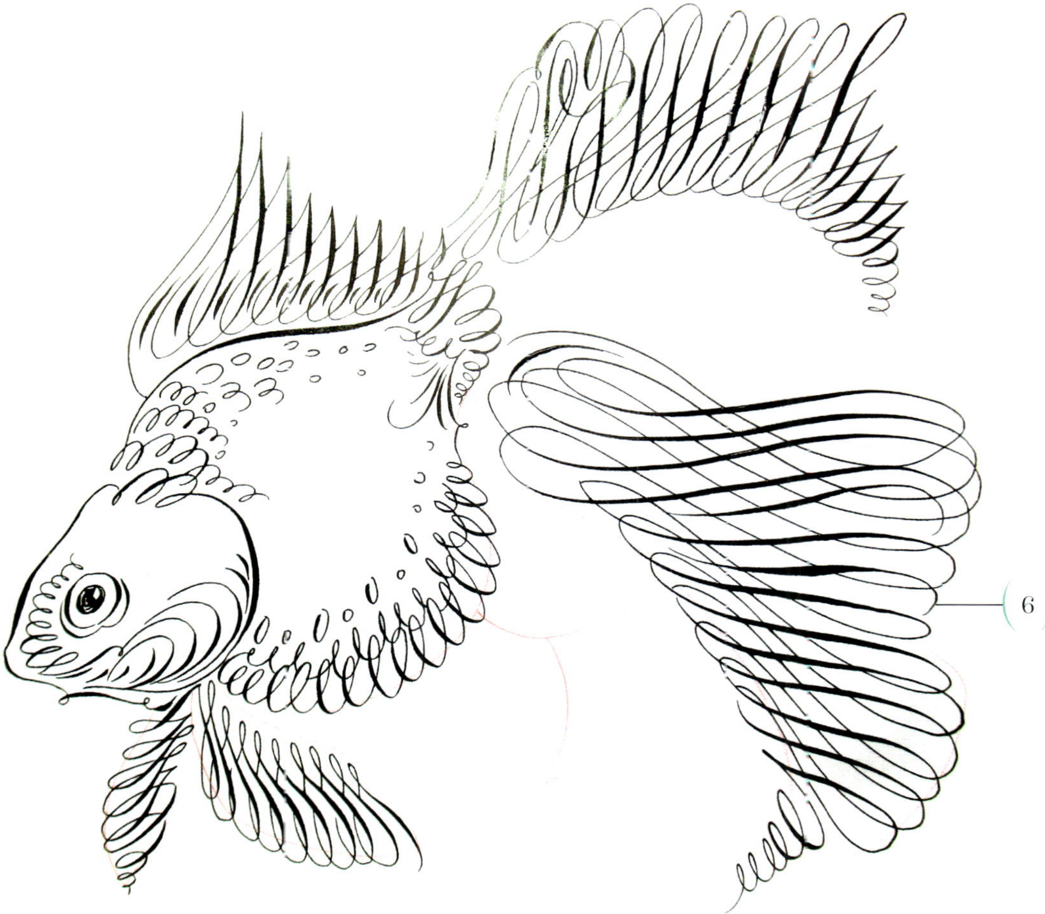

SCHRITT 6

Dann war der untere Schwanz (Schwanzflosse) dran. Diese Stelle sollte besonders extravagant werden, also habe ich besonders große, kühne Verzierungen angebracht.

Hier musste ich mehrfach neu ansetzen, weil mir die Tinte ausging. Ich versuchte immer wieder, den Rhythmus erneut aufzunehmen, bis das Ende des Schwanzes erreicht war und ich durchatmen konnte. Das Schwierigste war nun geschafft. Puh!

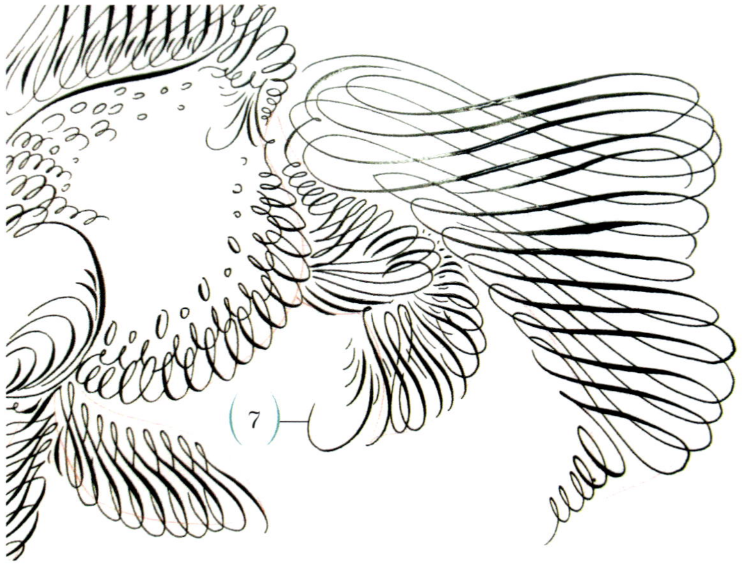

SCHRITT 7

Als Nächstes kam die kleine Bauchflosse unter dem Schwanz. Auf dem Foto hat sie zwar einen Wert von 3 oder 4, aber ich habe mich für 5 entschieden, um einen Kontrast zum Bauch zu erhalten.

Ich mag besonders den Kringel an der Spitze. Wann immer ich etwas Gekringeltes auf dem Foto sehe, übertreibe ich es gern, weil es die Persönlichkeit betont.

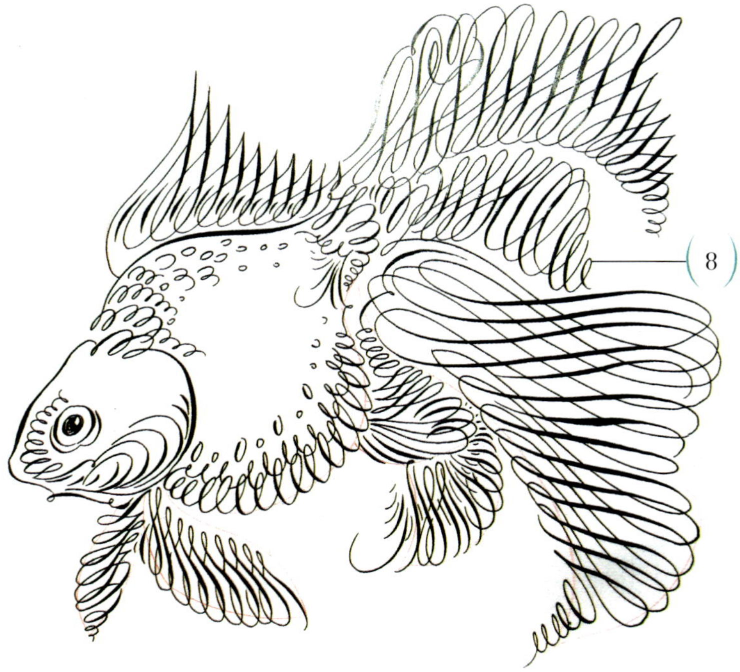

SCHRITT 8

Zum Schluss kommt die Afterflosse zwischen dem oberen und unteren Schwanz. Fast geschafft! Sie war wegen ihrer Größe schwierig, aber wer viel Raum hat, kann auch viele Details unterbringen.

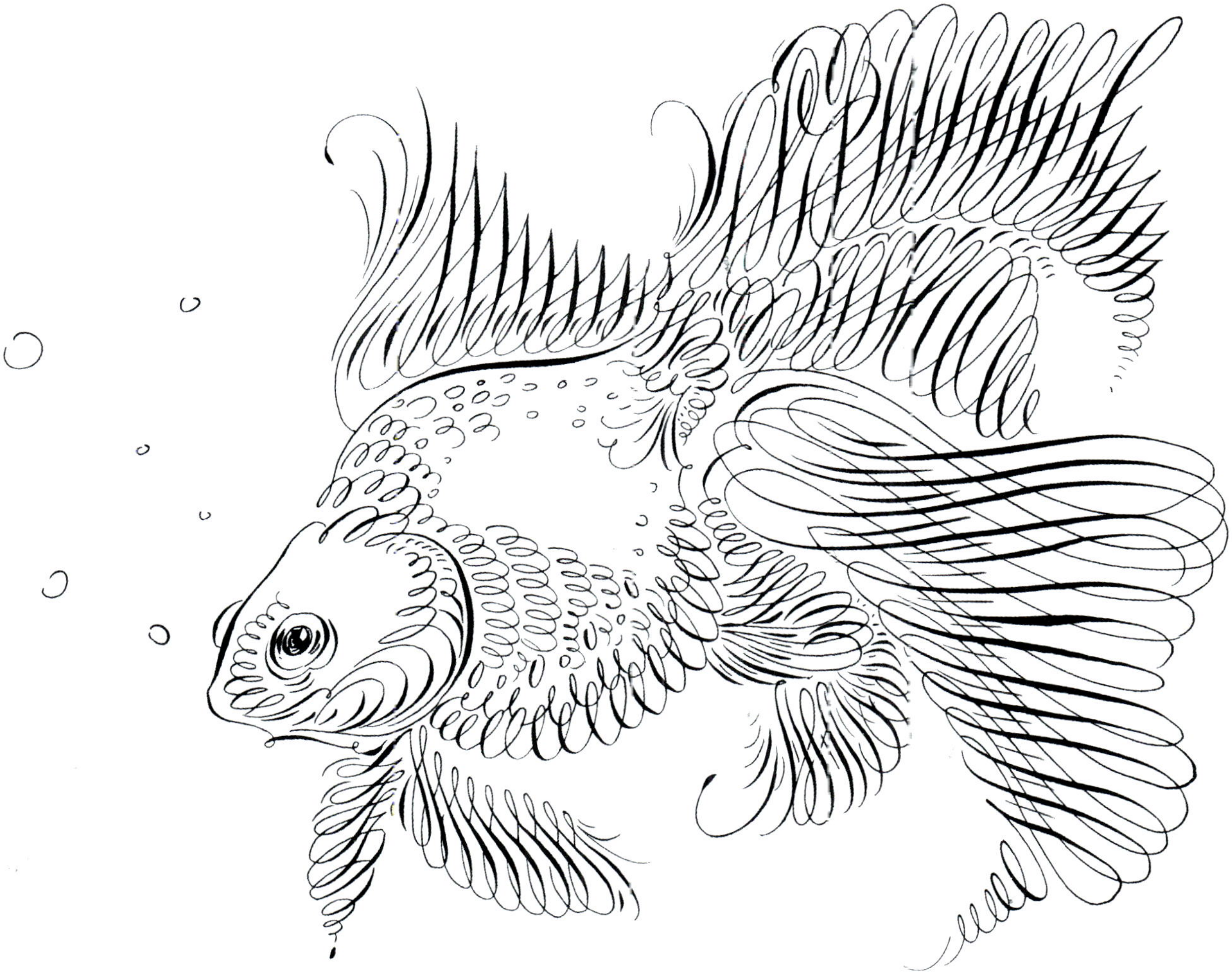

ENDGÜLTIGE ZEICHNUNG

Nach dem Radieren der Bleistiftlinien habe ich noch ein paar Änderungen vorgenommen. Sie sehen, dass im Vergleich zum vorigen Schritt ein paar kleine, aber wichtige Details hinzugekommen sind. Am wichtigsten war der zweite Strich neben dem Auge. Er gab dem Blick des Goldfischs mehr Tiefe.

Sehen Sie sich Ihr Werk immer genau an und fügen Sie Details hinzu, wo es möglich ist. Natürlich müssen Sie auch erkennen, wann es genug ist. Sagen Sie mir Bescheid, wenn Sie das schaffen. Ich muss es immer noch lernen!

PFAU

Nun machen wir etwas Besonderes. Ich habe diese wunderbaren Fotos von Pfauen, aber ich möchte den Körper aus dem unteren Bild und den Schweif aus dem oberen verwenden. Wir bauen uns daraus einen ganz persönlichen Pfau.

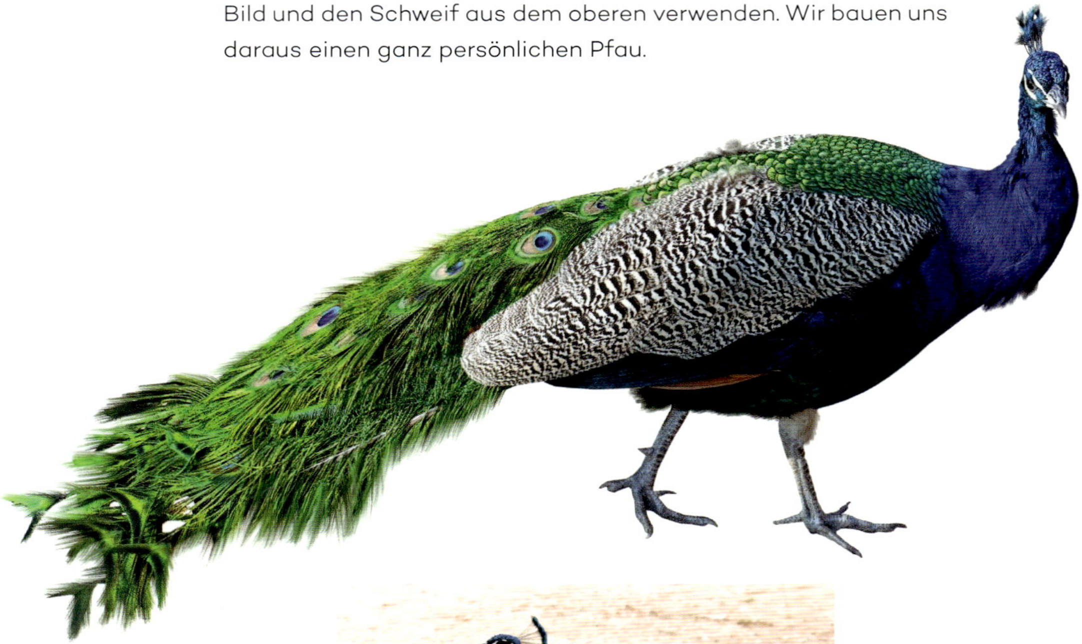

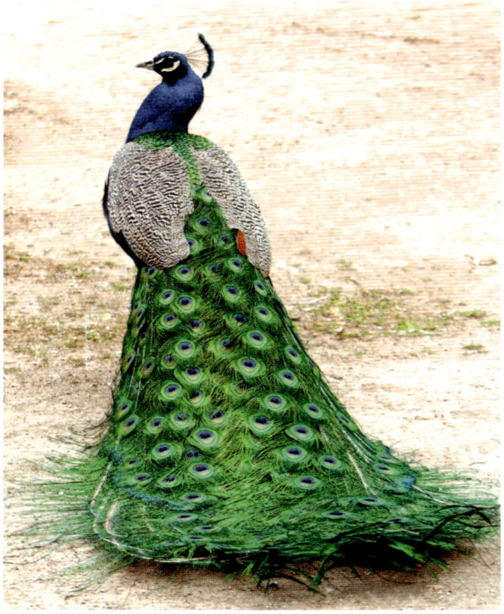

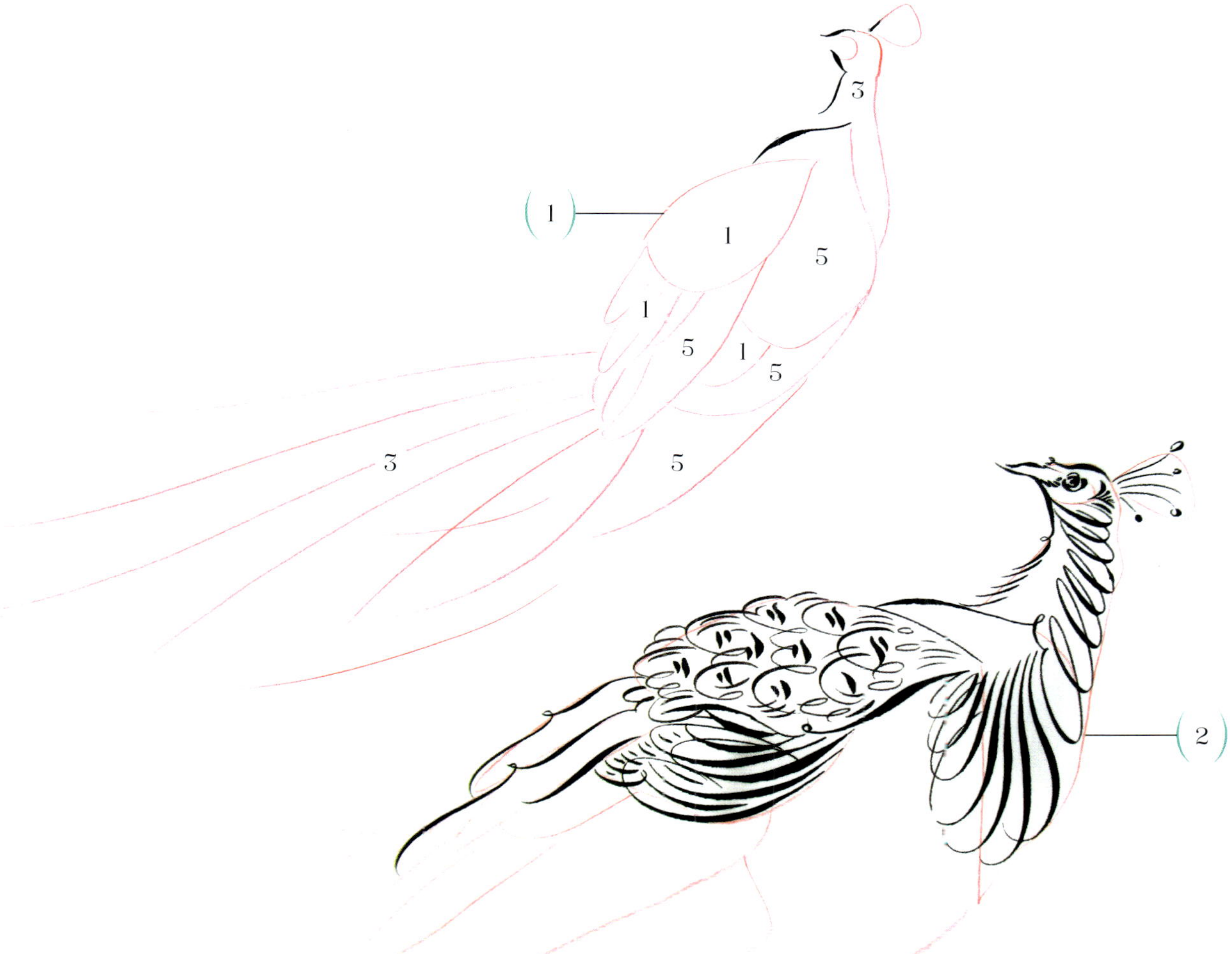

SCHRITT 1
Der Körper lässt sich vielfach unterteilen. So sieht mein Ergebnis aus. Beim Schweif bin ich etwas vage geblieben, denn ich werde vorgehen wie bei der Qualle. Ich entwickle die Verzierungen beim Zeichnen.

Der Schweif wird größer und buschiger als der Körper – so mögen wir Pfauen.

SCHRITT 2
Die Verzierungen gehen über die Hilfslinien hinaus, aber so gefallen sie mir. Die Textur auf dem Flügel hatte ich noch nie probiert, aber so interpretiere ich das Muster auf dem Foto. Bei diesem Pfau lernen wir viele neue Muster kennen.

3

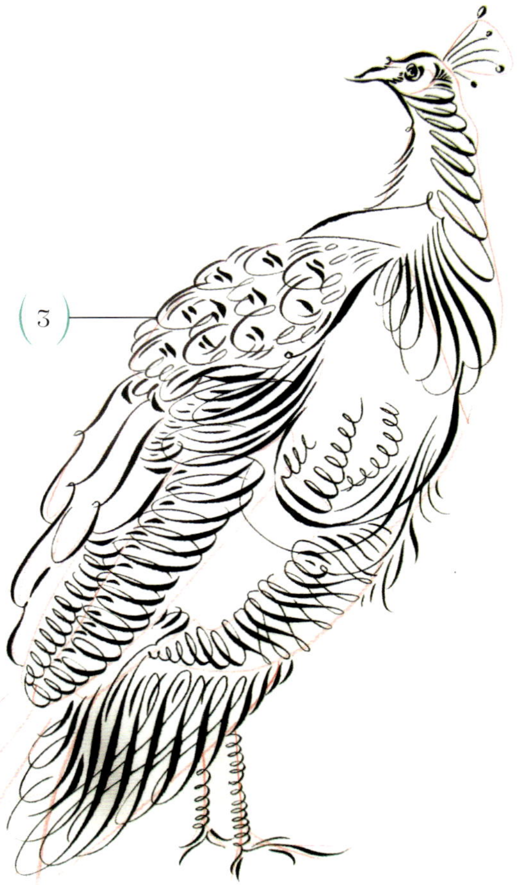

SCHRITT 3

So sieht mein Körper für den Pfau aus. Vielleicht ein bisschen massiv, aber das kann ich mit dem Schweif ausgleichen. Dazu kommen auch die Füße, die ich in meiner ersten Skizze vergessen hatte.

Nun geht es aber an den Pfauenschweif!

SCHRITT 4

Auf einem separaten Blatt habe ich probiert, wie ich die Augen auf den Schwanzfedern zeichnen kann. Ich mag die beiden oberen Bilder, sie wirken recht lebendig.

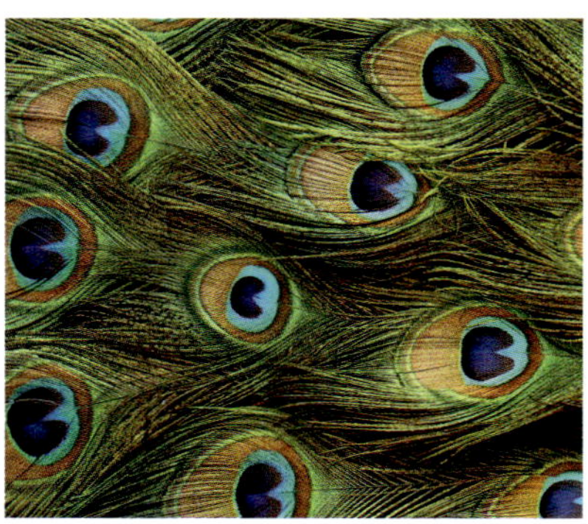

4

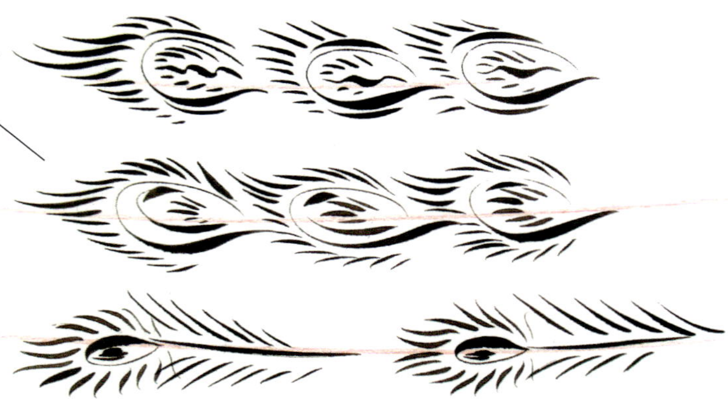

SCHRITT 5

Anstatt den ganzen Schweif mit den Augen auszufüllen, fand ich es interessanter, unten eine große Verzierung unterzubringen. Ich wollte hier mehr Verzierun-gen haben. Die Augen auf den Schweiffedern sind unterschiedlich groß, das sorgt für Abwechslung und Tiefe. Überraschungen sind immer gut!

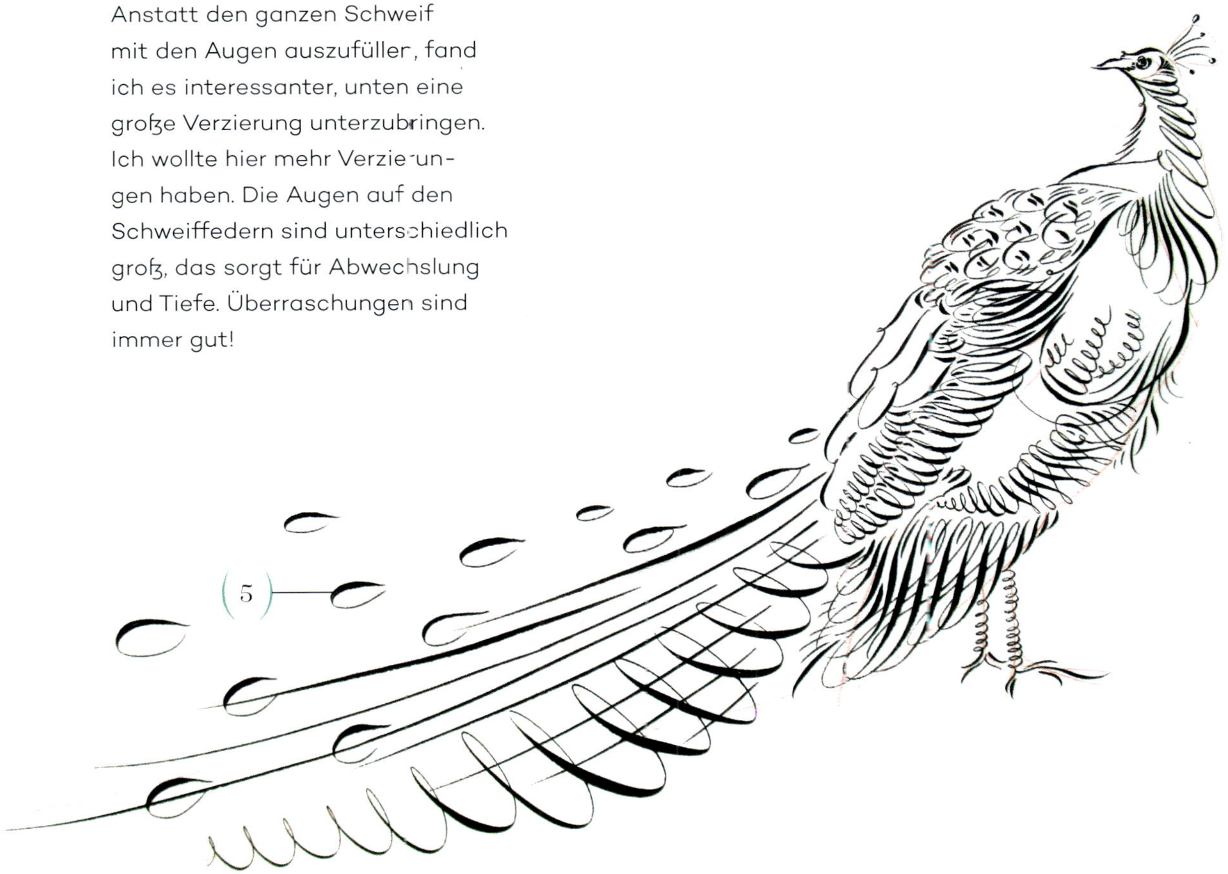

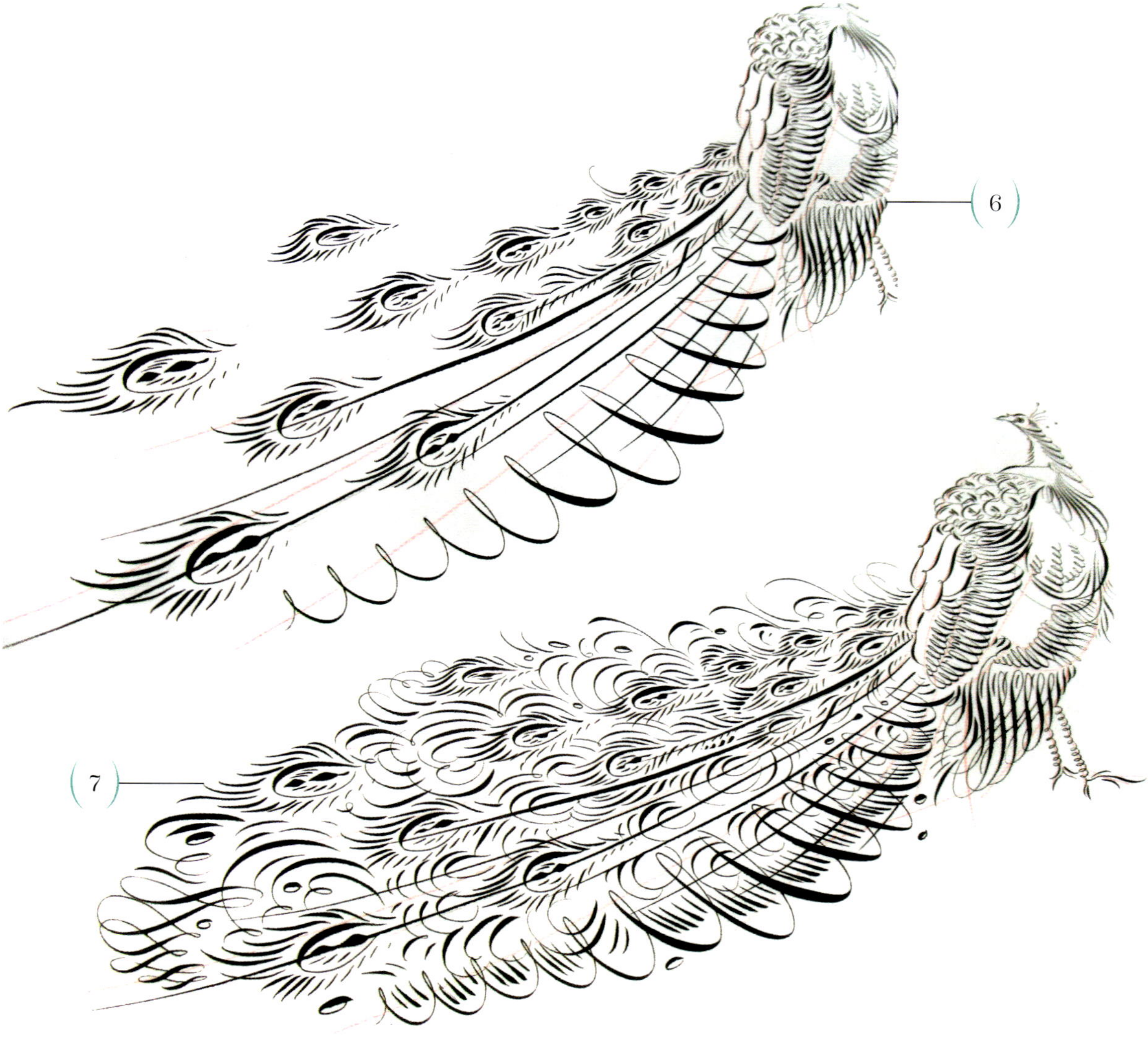

SCHRITT 6

Die Details der Augen habe ich sorgfältig ausgefüllt und besonders die „Flammen“ an den Rändern übertrieben.

SCHRITT 7

Nachdem die Augen fertig waren, habe ich die Räume dazwischen weiter verziert. Auf dem Referenzfoto sieht der Schweif glatt und sauber aus, aber ich wollte ihn fluffig und voluminös

ENDGÜLTIGE ZEICHNUNG

So sieht der fertige Pfau aus. Ich habe vielleicht etwas übertrieben, aber es ist eine tolle Studie für Verzierungen! Würde ich neu anfangen, wäre der Schweif noch länger. Leider ging mir das Papier aus.

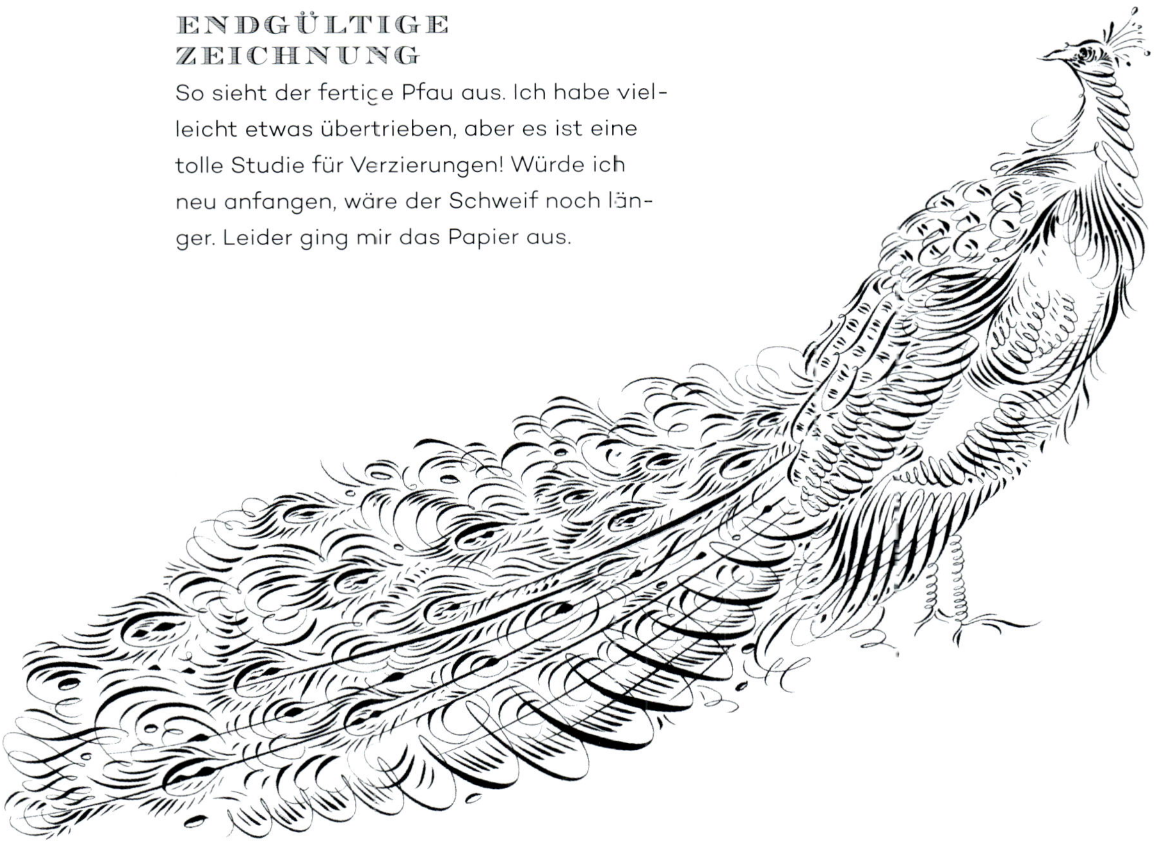

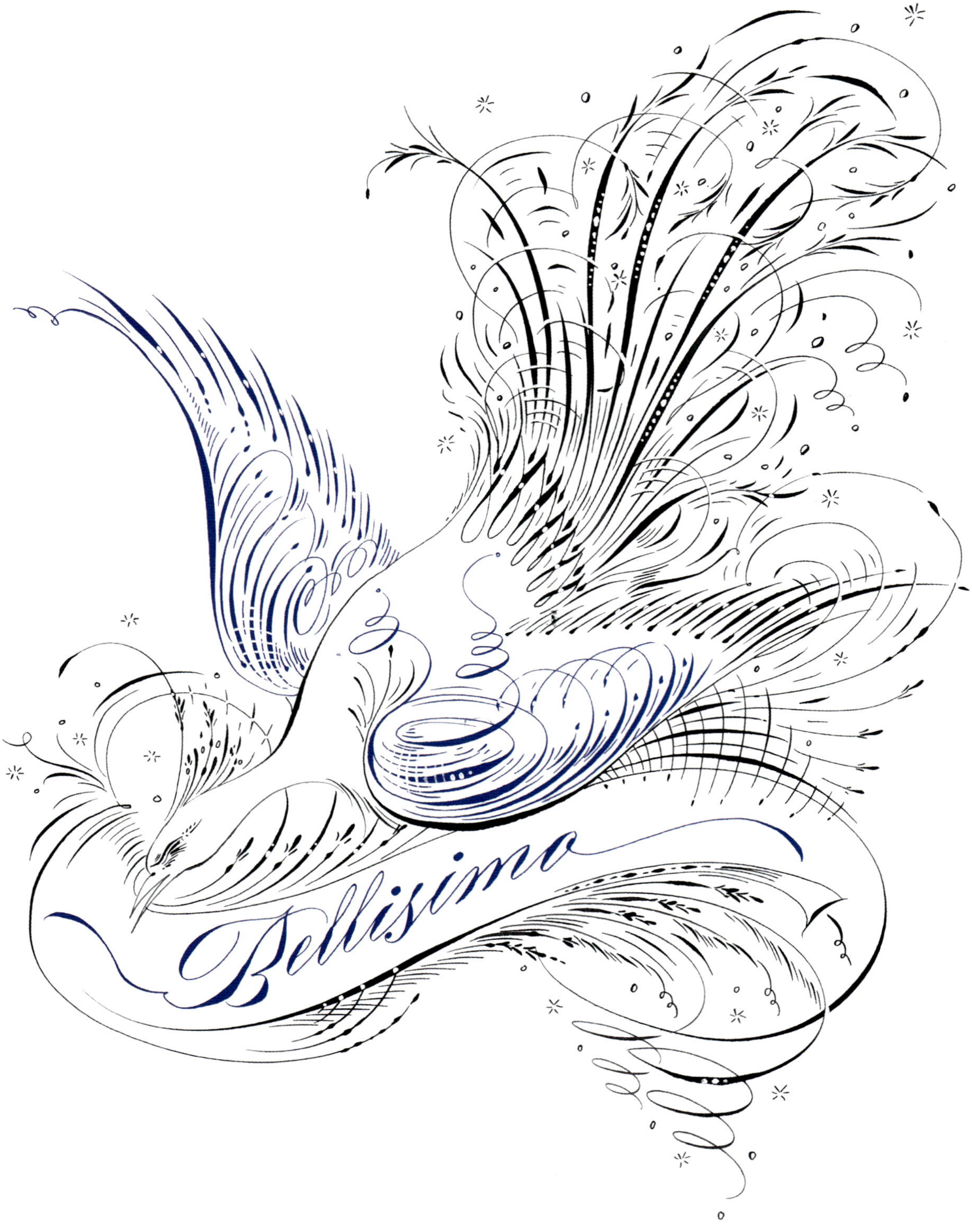
Bellisimo

KAPITEL VIER

LETTERING UND KARTUSCHEN

Mit eigenem Lettering werden Ihre kalligrafischen Zeichnungen praktischer und lebendiger. Nutzen Sie sie für Einladungen, Briefpapier, Werbung und viele andere Zwecke. Sie können Ihre Kalligrafie und Ihr Handlettering für alles einsetzen.

DAS LETTERING VERZIEREN

Diese fetten Buchstaben sind verspielt und fallen ins Auge. Sie eignen sich gut, wenn Ihre Botschaft nur aus einem oder zwei Wörtern besteht.

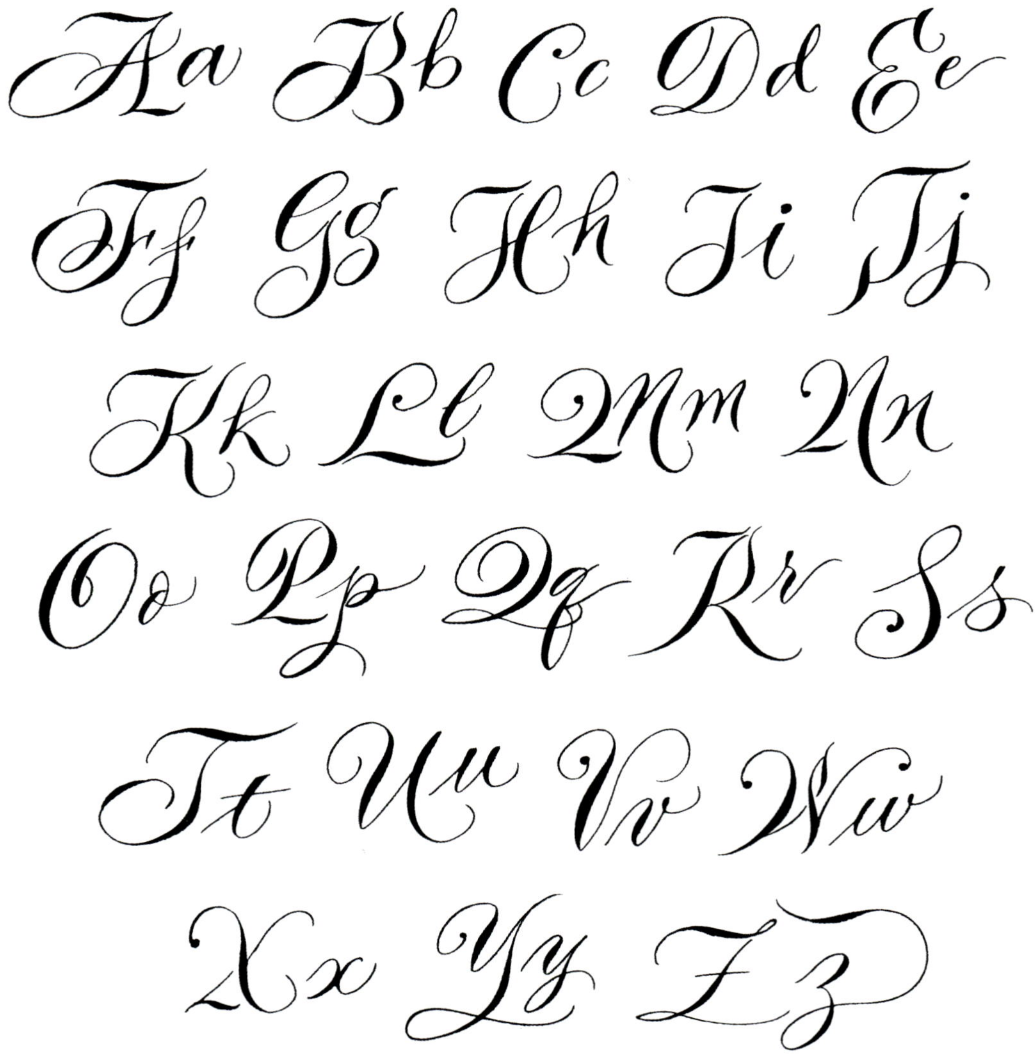

Diese nachempfundene römische Schrift wirkt witzig, besonders wenn sie von Hand geschrieben ist. Ihre eckigen Formen bieten einen tollen Kontrast zu unseren Verzierungen.

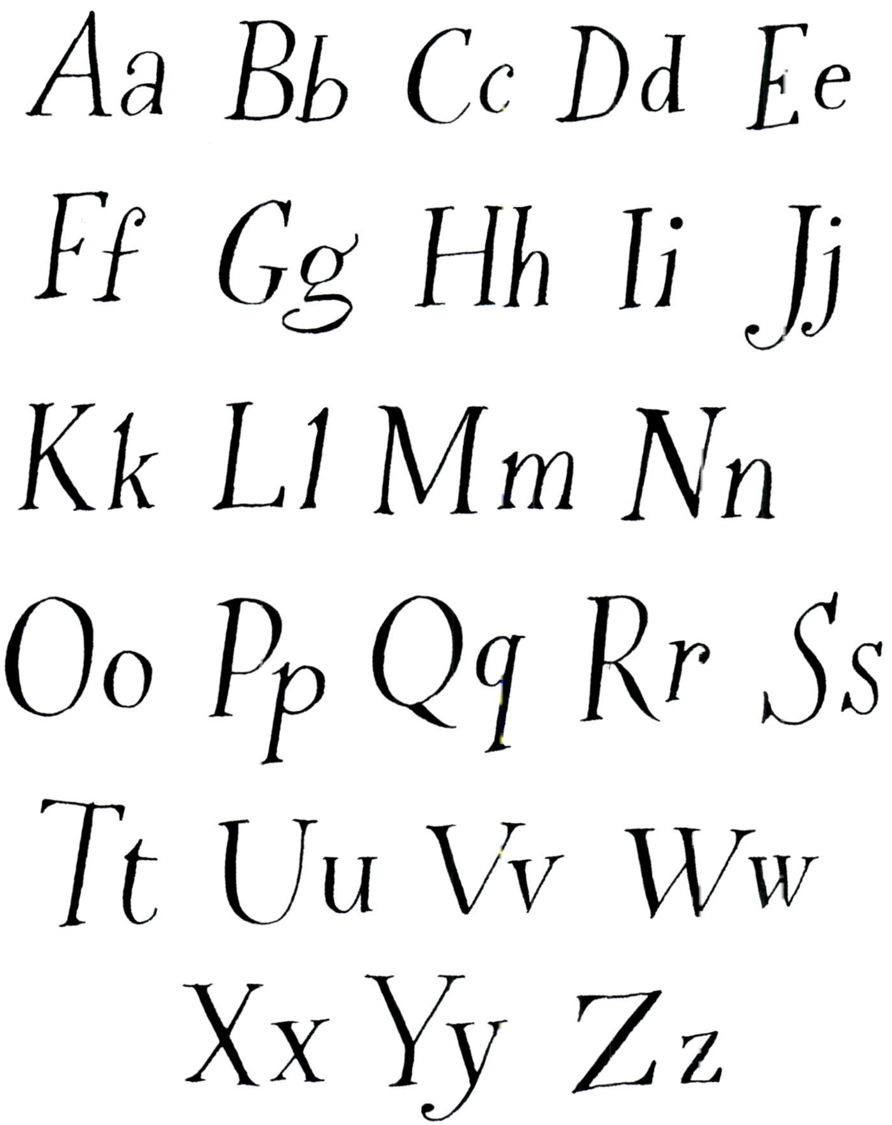

ORNAMENTALE KARTUSCHEN

Jetzt, wo unsere Hände und Arme von den Übungen schön locker sind, können wir aus unseren Grundstrichen schöne Kartuschen machen. Diese eigenständigen Muster, auch als Trenner eingesetzt, bestehen überwiegend aus den grundlegenden Schnörkeln, können aber auch Wörter, Vögel, Blumen oder anderes enthalten. Zwischen zwei Schnörkeln können Sie ein Banner setzen mit Namen, Grüßen, Sprichwörtern oder anderen persönlichen Details. Versuchen wir es.

ÜBUNG 1

Mit dem Bleistift habe ich eine waagrechte Linie gezogen. Sie hilft uns, das Muster ausgewogen zu halten.

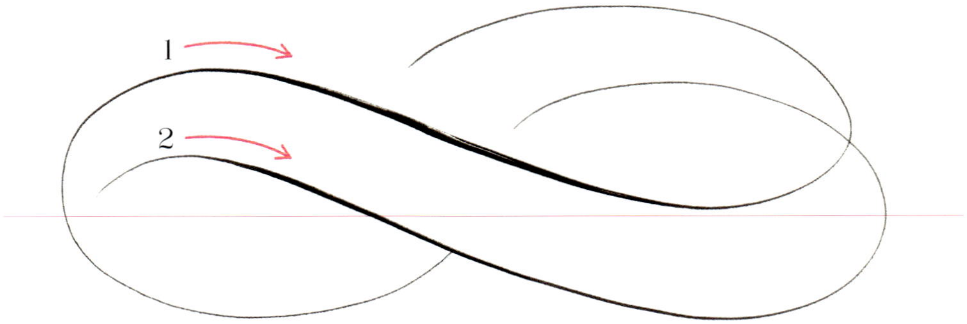

SCHRITT 1

Nun kommen die wichtigen Schnörkel. Diese ersten Striche stehen im Mittelpunkt und sollten groß und fett sein. Es ist kein Problem, wenn das nicht gleich klappt. Vielleicht müssen Sie auf einem separaten Blatt erst üben, um den Arm aufzulockern. Wenn Sie mit einem schrägen Federhalter nicht klarkommen, versuchen Sie es mit einem geraden oder umgekehrt. Ich habe hier mit einem geraden Federhalter gearbeitet.

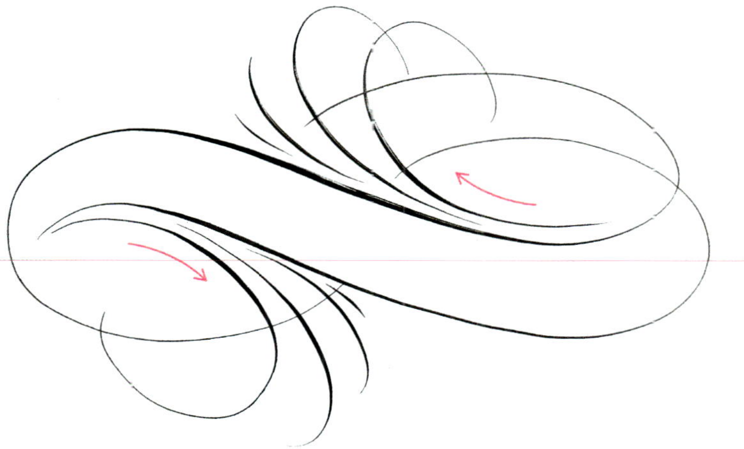

SCHRITT 2

Der schwierigste Teil ist geschafft, nun kommen die kleineren Verzierungen. Ich habe erst den unteren Teil gezeichnet und für den oberen Teil das Papier umgedreht. So halte ich den Arm auch immer in der günstigsten Stellung. Versuchen Sie es und finden Sie auch heraus, auf welche Art Sie die Verzierungen am besten anbringen. Diese kleinen Verzierungen sind auch wichtig, aber sie sollten die großen Verzierungen nie erschlagen.

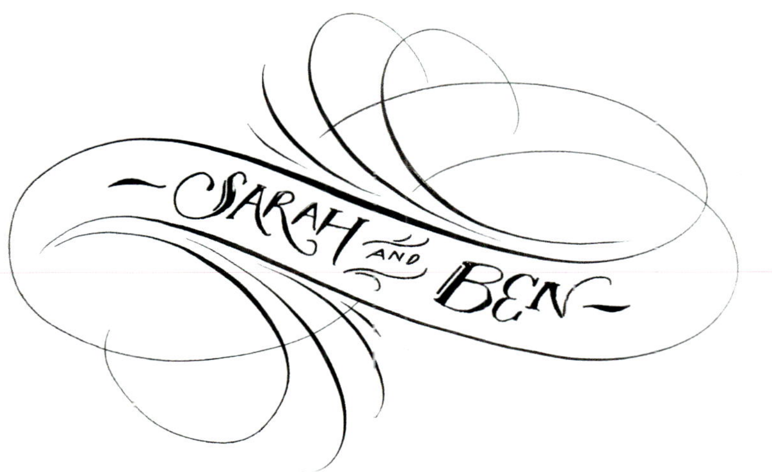

SCHRITT 3

Dieses Muster soll als Briefkopf dienen, deshalb habe ich die Namen von zwei Freunden zwischen die großen Striche gesetzt. Sie können auch etwas anderes schreiben wie „Danke“, „Mon Amour“, „Ende“, „Du bist die Beste“, „Von meinem Schreibtisch“ oder was immer Ihnen einfällt. Für die fetten Buchstaben habe ich eine Feder vom Typ Brause Rose benutzt.

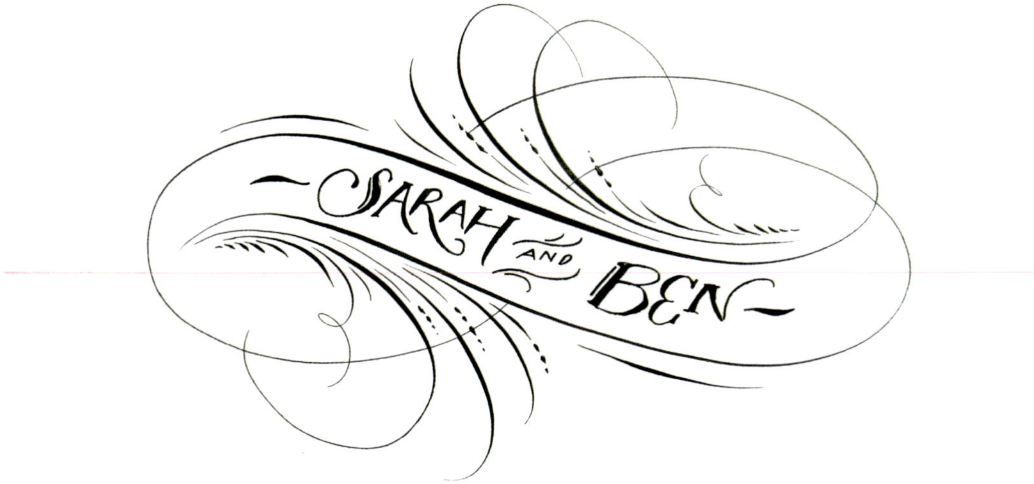

SCHRITT 4

Nun kommen die feinen Verzierungen. Das sind die kleinsten und dekorativsten Striche: Punkte, kurze Striche, Wellen und anderer Zierrat, der das Werk verschönert. Wichtig ist ein ausgewogenes Vorgehen. Was Sie links tun, sollten Sie dann rechts auch tun.

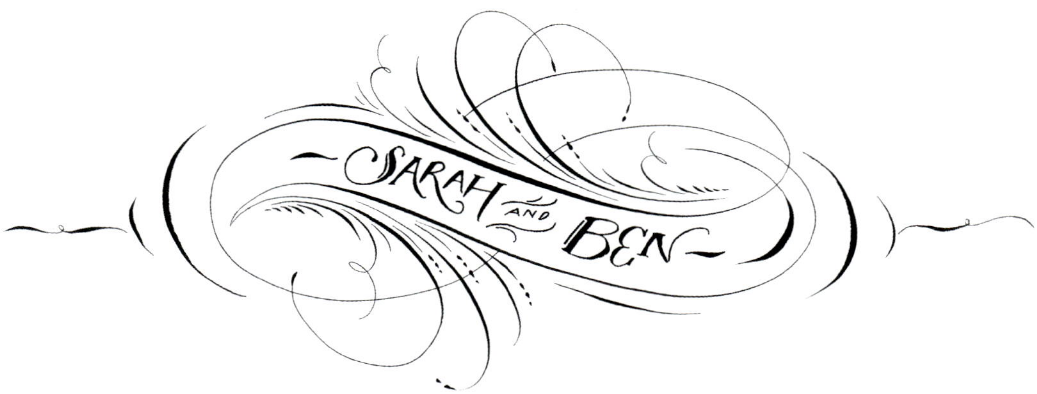

SCHRITT 5

Zum Abschluss habe ich ganz außen rechts und links Striche hinzugefügt, um das Muster zu erweitern und auszugleichen. Dank der Hilfslinien bleibt das Muster relativ waagrecht. Noch ein paar kleine Wellen und Tupfer und fertig ist das Werk! Vergessen Sie nicht, die Hilfslinien wegzuradieren.

TIPP

Arbeiten Sie so schnell, dass die Striche nicht zittrig werden, aber nicht so schnell, dass die Tinte kleckert.

ÜBUNG 2

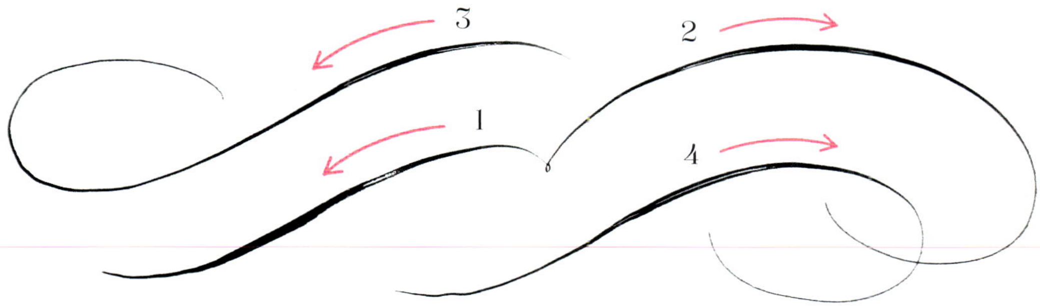

SCHRITT 1

Diese Verzierung sieht komplizierter aus, entspricht aber Übung 1 mit ein paar zusätzlichen Strichen.

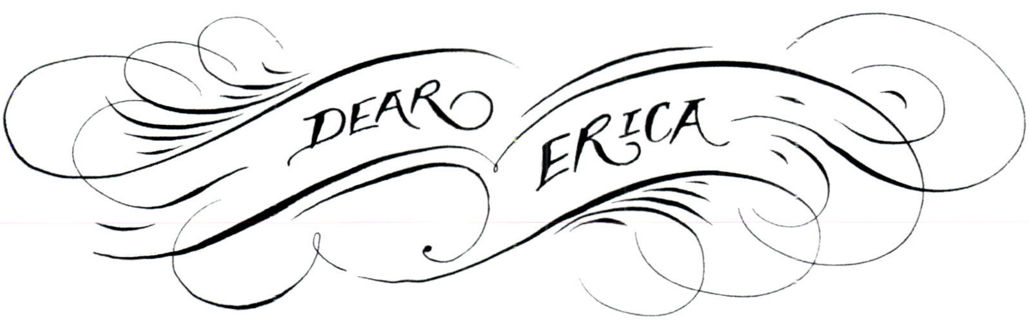

SCHRITT 2

Zwischen den Strichen ist Platz für etwa vier Wörter, aber ich habe mich mit zweien begnügt, eines rechts und eines links. Dann kommen die kleineren Verzierungen, genau wie bei Übung 1. Wir bauen das Muster langsam auf.

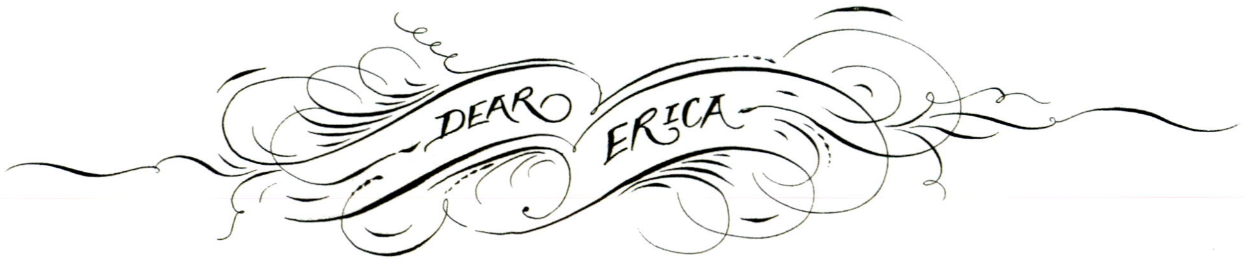

SCHRITT 3

Die feineren Verzierungen finden sich oben und an den Seiten. Achten Sie dabei auf die Ausgewogenheit des gesamten Musters. Es ist wie bei einer Wippe. Manchmal liegt das Gewicht auf der linken Seite, dann wieder auf der rechten. Machen Sie weiter, bis beide Seiten ausgewogen sind. Vergessen Sie nicht, ab und zu kurze Pausen zu machen, um das Gesamtwerk zu betrachten.

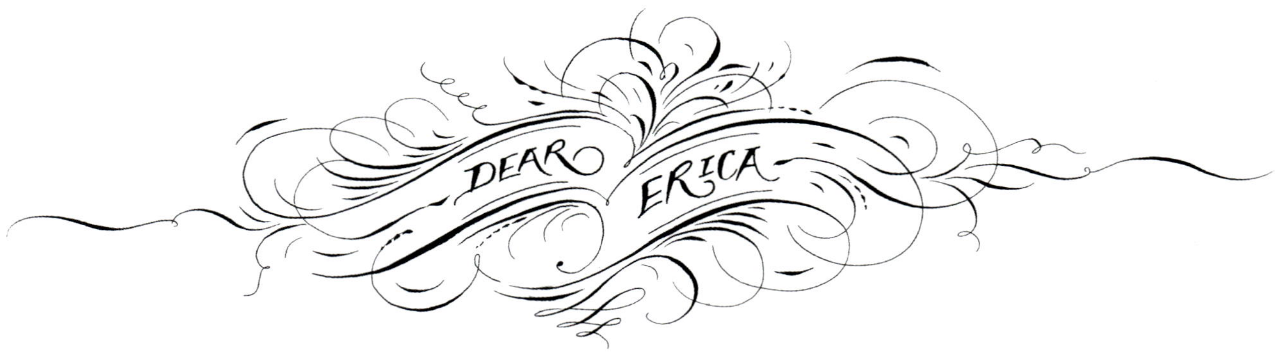

SCHRITT 4

Die Mitte war mir noch zu leer, also habe ich dort ein Bouquet sprießen lassen. Das sorgt für einen Schwerpunkt und balanciert die Wippe aus. Dieses Muster sieht kompliziert aus, aber Sie haben es bei den vorherigen Übungen bereits ausprobiert. Wenden Sie einfach das Gelernte an.

BEISPIELE

Diese verzierten Kartuschen sind vielseitig wandelbar. Wir fangen mit den Hauptstrichen an, dann kommen die kleineren Striche und zum Schluss die feinen Verzierungen. Wenn Sie Schritt für Schritt vorgehen, ist es gar nicht so schwierig.

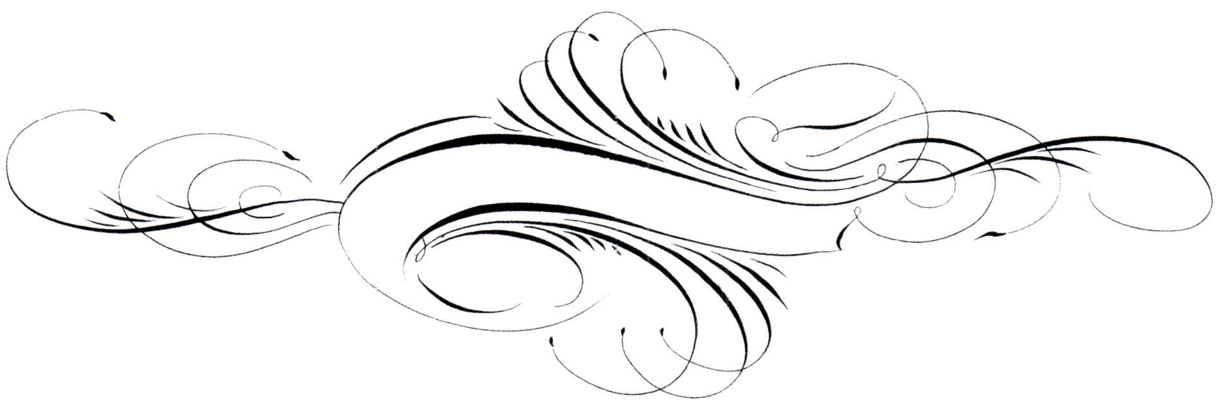

Sie können alle Änderungen selbst beeinflussen. Wie bei einer Unterschrift oder einer Handschrift sehen unsere Muster unterschiedlich aus, weil jeder seine eigene Herangehensweise hat. Kopieren Sie auch hier mein Beispiel nicht, sondern nutzen Sie es als Inspiration. Und denken Sie daran, sich das Papier stets passend hinzudrehen. Aber Vorsicht, das kann süchtig machen. Sie haben schnell ein paar Dutzend Kartuschen.

ÜBUNG 3

Bereichern Sie Ihr Muster mit Vögeln, Blumen oder anderen Dingen. Hier kommt für den Anfang ein einfacher Vogel.

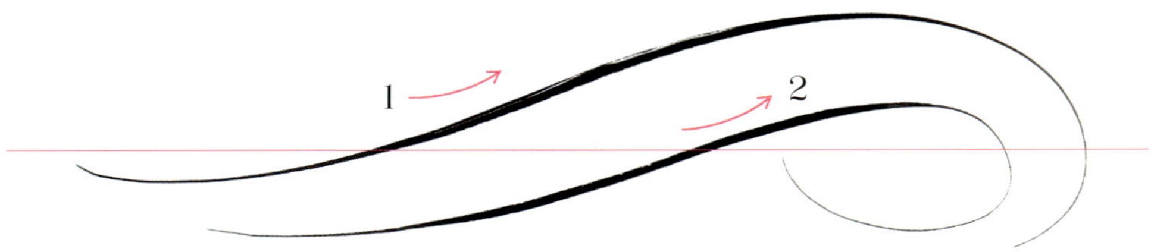

SCHRITT 1

Zunächst ziehen wir mit dem Bleistift eine waagrechte Hilfslinie. Dann folgen die ersten beiden Hauptstriche.

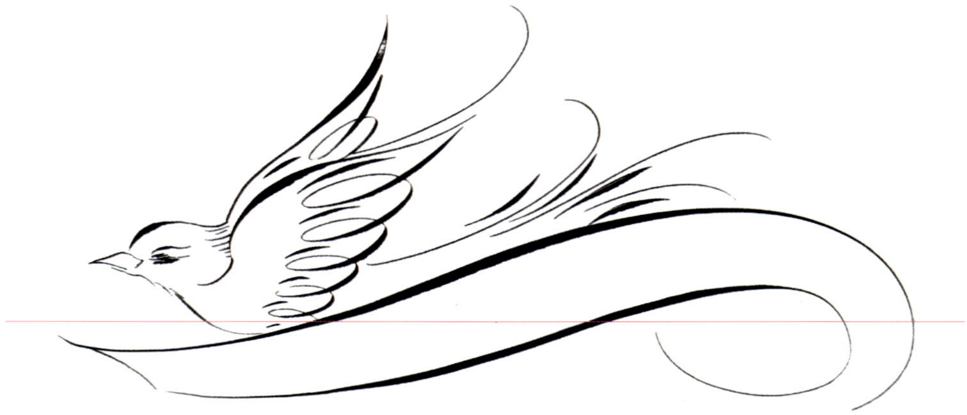

SCHRITT 2

Vor den kleineren Strichen fügen wir den Vogel hinzu. Im Kapitel über Tiere finden Sie Anleitungen, wie Sie einen Vogel aufbauen. Sie können auch diesen Vogel kopieren. Versehen Sie ihn ruhig mit eigenen Details. Es macht Spaß, sich treiben zu lassen.

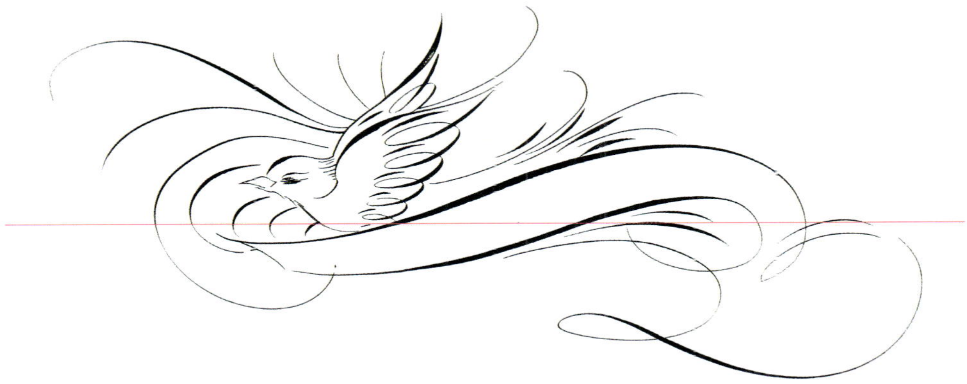

SCHRITT 3

Wenn der Vogel fertig ist, folgen die kleineren Verzierungen. Sie sollten den Vogel nicht allzu sehr aufscheuchen. Sehen Sie, wie ich die rechte und linke Seite ins Gleichgewicht bringe? Probieren Sie das auch.

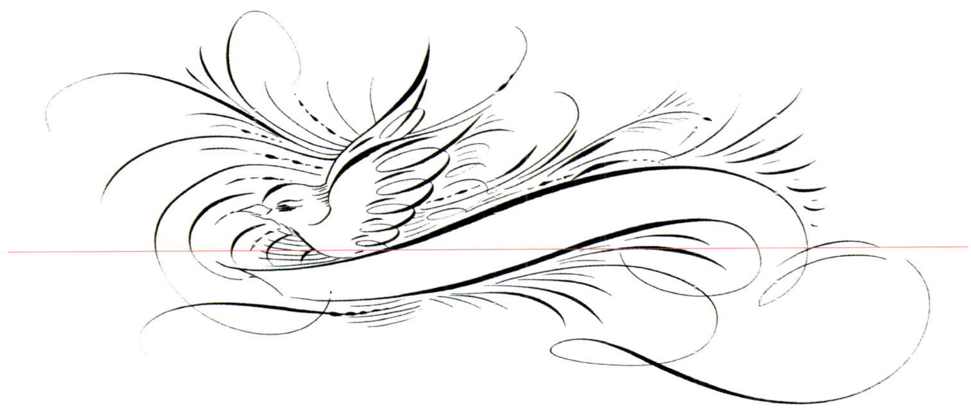

SCHRITT 4

Die feineren Verzierungen bestehen aus dünnen Linien und Punkten. Die Punkte sind dekorative Elemente. Sie erinnern mich an kleine pechschwarze Edelsteine.

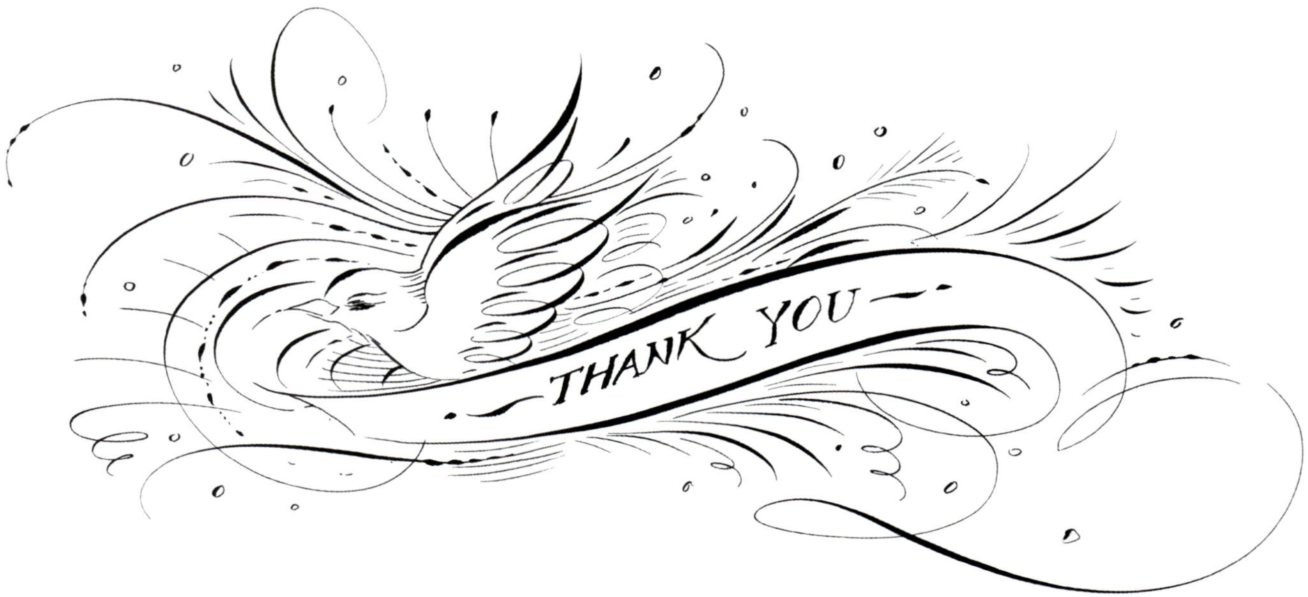

SCHRITT 5

Außer schwarzen Punkten mag ich auch winzige Kringel. Sie erinnern mich an Blasen oder Perlen und füllen Räume großartig. Noch ein paar Wellen und Striche, ein paar Wörter und die Kartusche ist fertig.

ÜBUNG 4

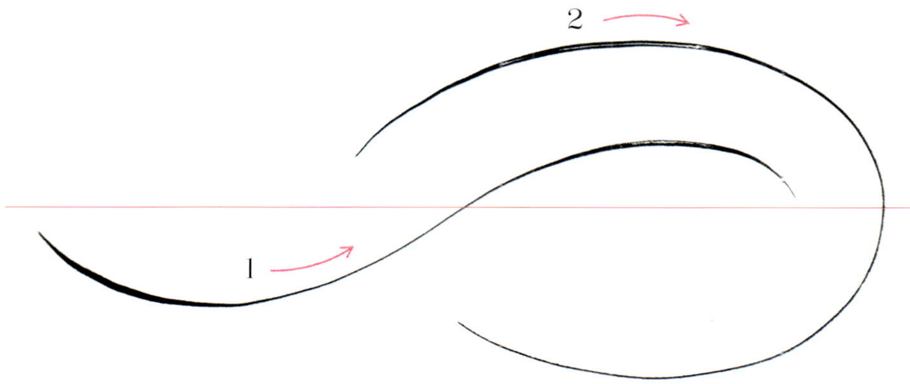

SCHRITT 1

Versuchen wir noch eine Kartusche mit Vögeln. Wir beginnen mit den ersten Strichen. Der zweite Strich soll schön gerundet sein.

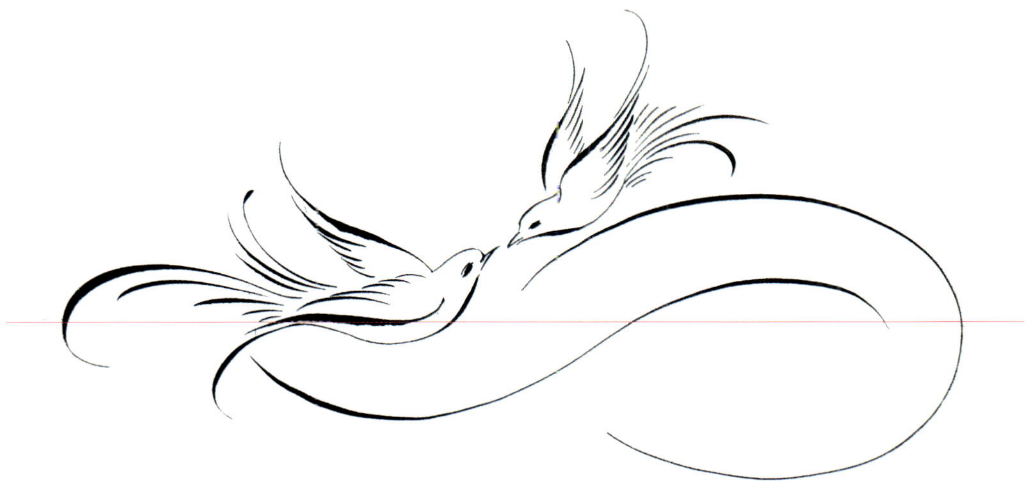

SCHRITT 2

Hier habe ich zwei schnäbelnde Vögelchen eingefügt. Sie können sie so detailliert halten, wie Sie wollen. Ich habe die Vögel mit einem schrägen Federhalter gezeichnet, aber Sie sind frei in Ihrer Wahl. Für die Verzierungen habe ich einen geraden Federhalter genommen. Sie dürfen innerhalb einer Arbeit die Federhalter durchaus wechseln.

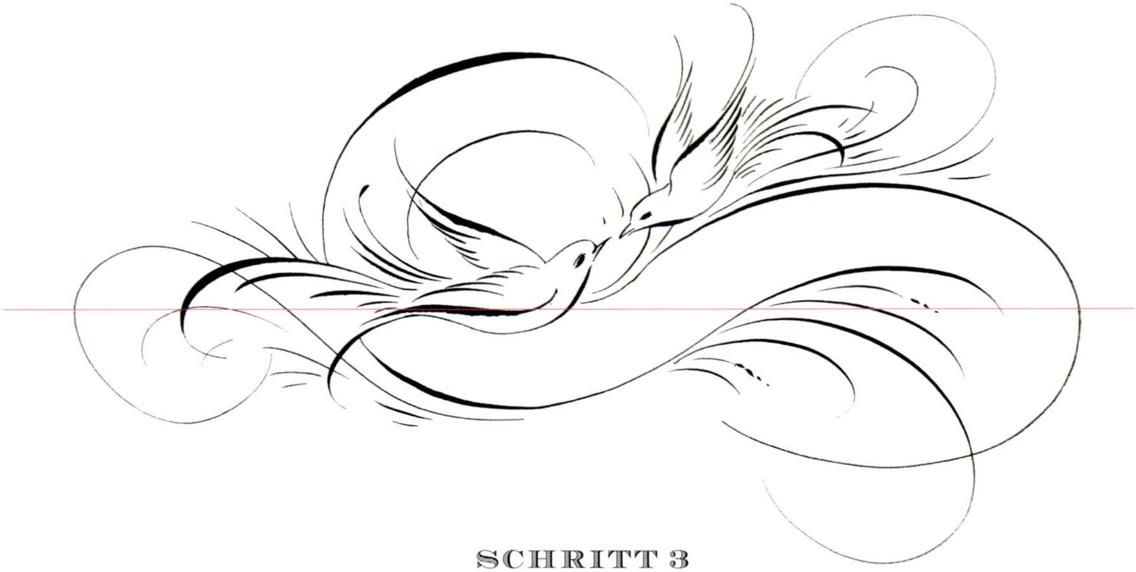

SCHRITT 3

Auf die Vögel folgen die kleineren Verzierungen. Bei zwei Vögeln ist die Balance schwer zu halten, aber ich habe es probiert.

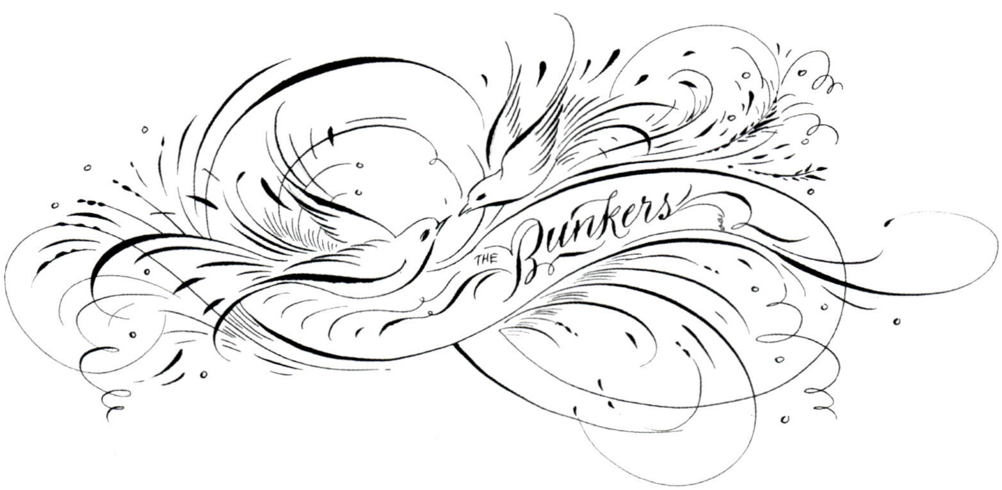

SCHRITT 4

Bei den feinen Verzierungen habe ich mich mächtig ins Zeug gelegt, denn sie sollen die Balance sichern. Ich denke, das habe ich geschafft, obwohl ich schon ein bisschen übertrieben habe. Aber das ist eben mein Stil.

Hören Sie nicht auf, Schnörkel und Verzierungen auszuprobieren, dann finden auch Sie zu Ihrem eigenen Stil.

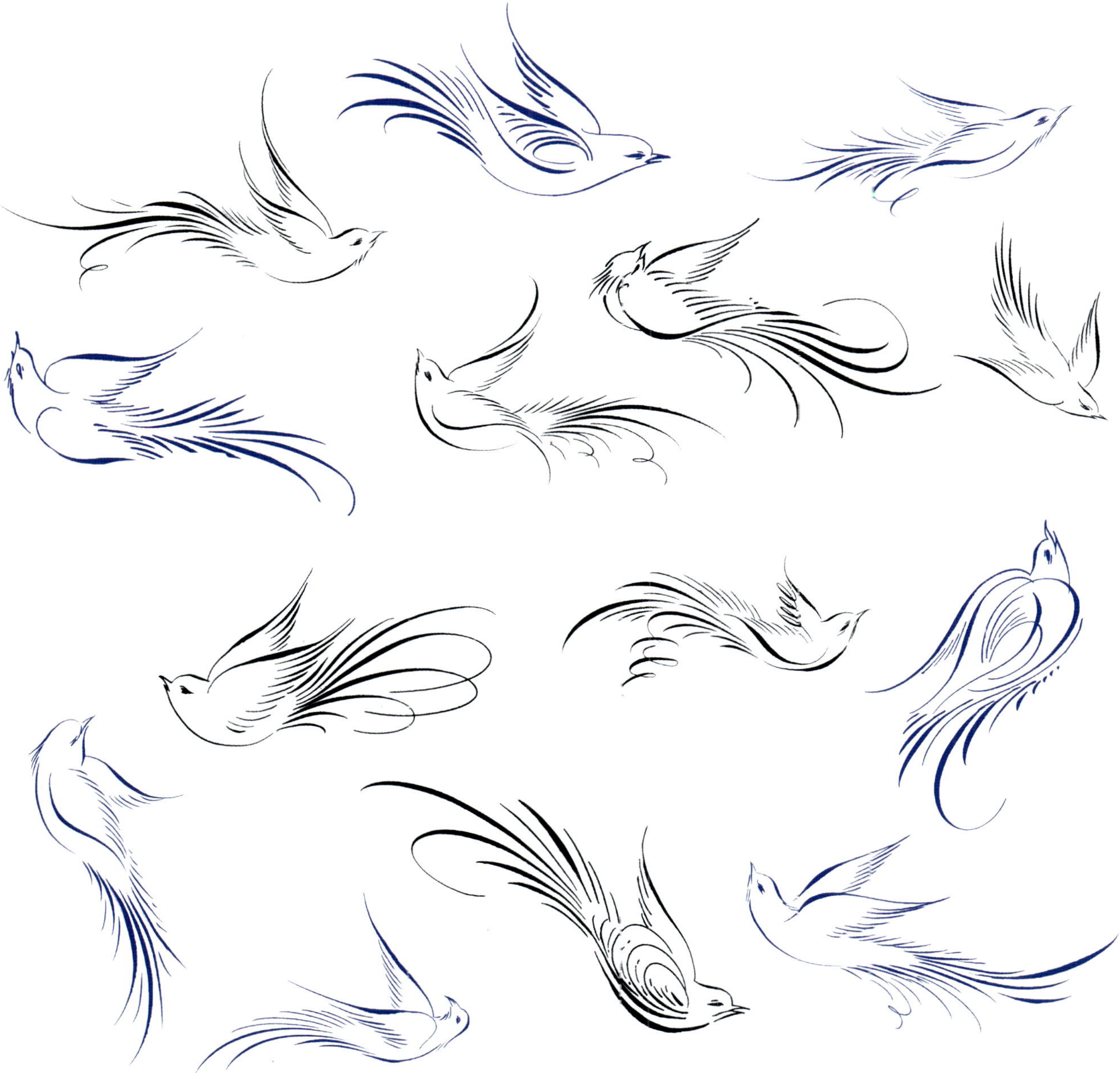

ÜBUNG 5

Hier sind ein paar Ideen für Verzierungen, die Sie für Ihre eigenen Arbeiten nutzen können. Beschränken Sie sich aber nicht darauf. Sie können diese auch kombinieren, um neue Muster zu schaffen.

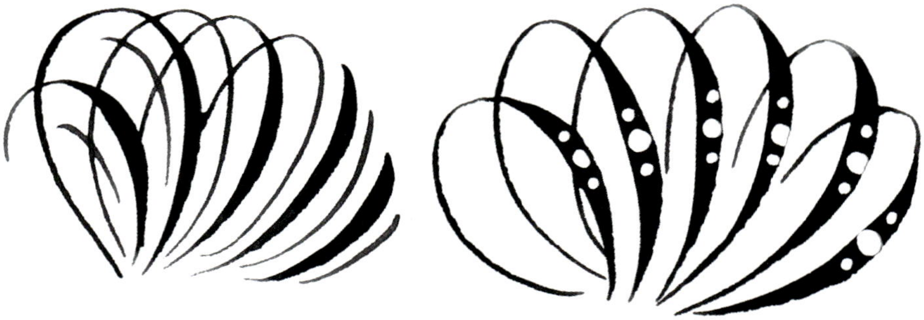

SCHRITT 1

Ich wechsle gern zwischen fetten und dünnen Linien. Das geht einfach und macht das Werk interessanter. Wenn die Tinte trocken ist, ziehe ich Striche und setze Punkte mit weißer Tinte.

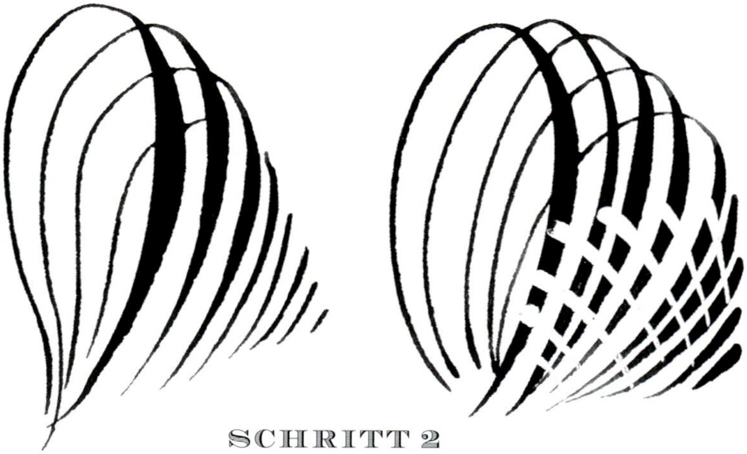

SCHRITT 2

Sie können auch sich verjüngende Striche probieren, von ganz fett bis ganz dünn. Das ist toll, wenn Sie helle und dunkle Bereiche miteinander verschmelzen wollen.

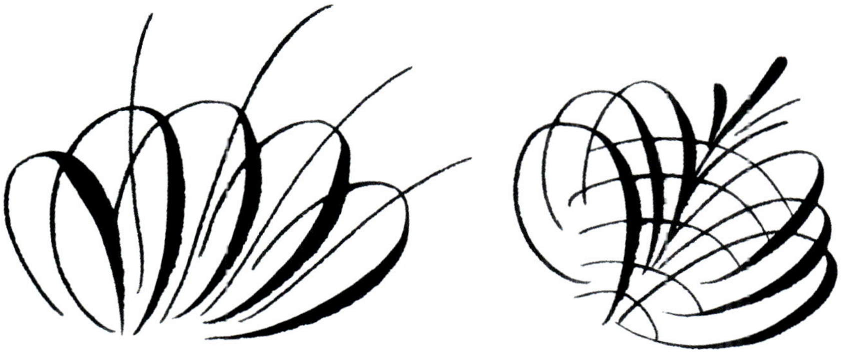

SCHRITT 3

Manchmal wechsle ich auch zwischen Bogen und geraden Linien. Zwischen den geraden Linien können Sie noch mehr Verzierungen anbringen.

SCHRITT 4

Ich füge gern Punkte hinzu. Sie brechen die Monotonie von zu vielen Linien auf und können wie Funken aussehen.

SCHRITT 5

Lustige Wellen, Blasen und spitze Striche, die nicht zu den klassischen kalligrafischen Mustern gehören, können besonders wirkungsvoll sein.

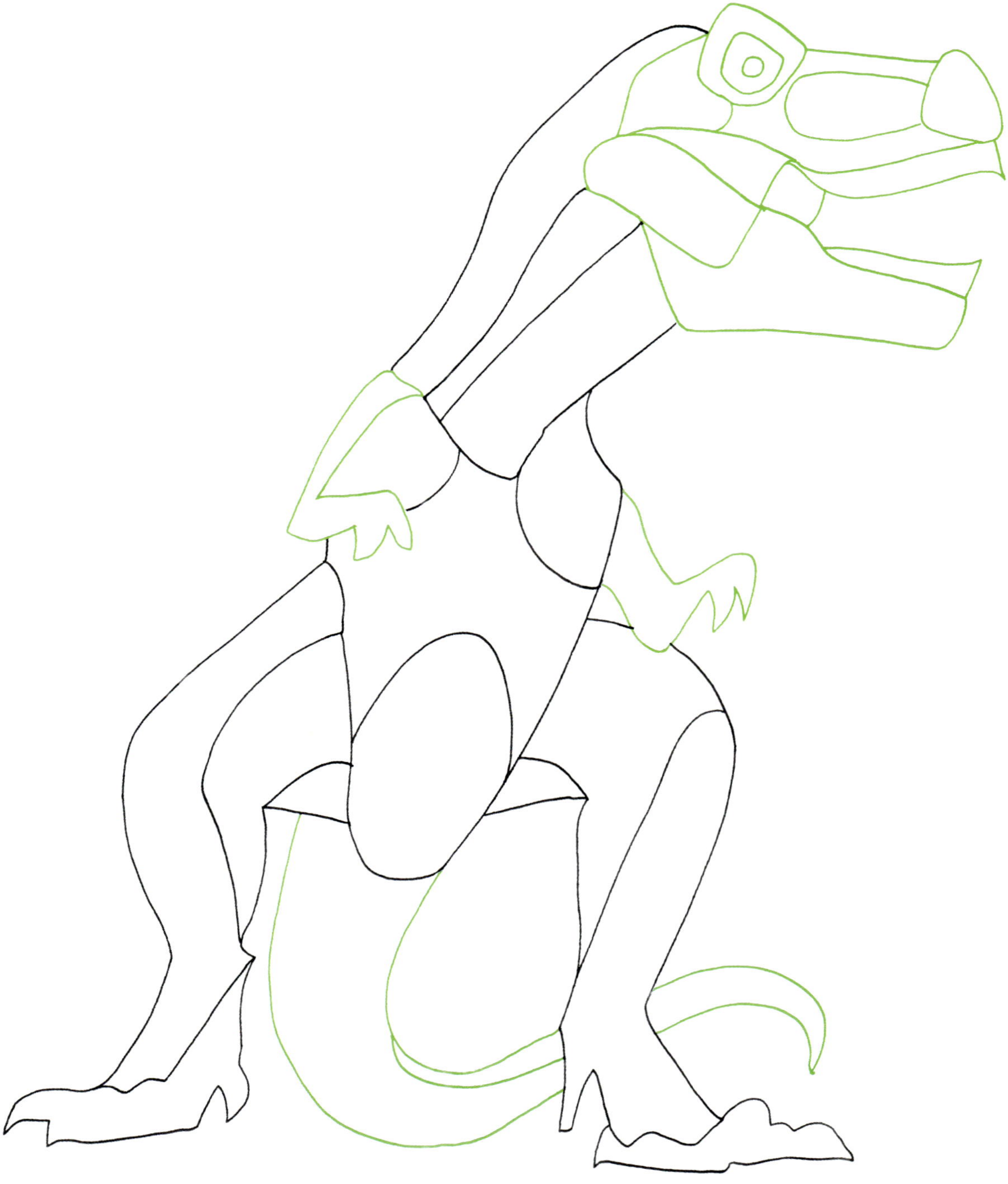

KAPITEL FÜNF

WORKSHOP: NOCH MEHR TIERE

Hier zeige ich Ihnen einige Tiere als Referenz und dazu ihre Grundformen. Kopieren Sie meine Vorlage oder schaffen Sie eigene Grundformen und verzieren Sie sie.

Auf der Seite nach der Schablone finden Sie meine fertig verzierte Zeichnung. Versuchen Sie, nicht vorab nachzuschauen. Wenn es schwierig wird, können Sie natürlich einen Blick darauf werfen. So können Sie bestimmt weitermachen. Viel Spaß!

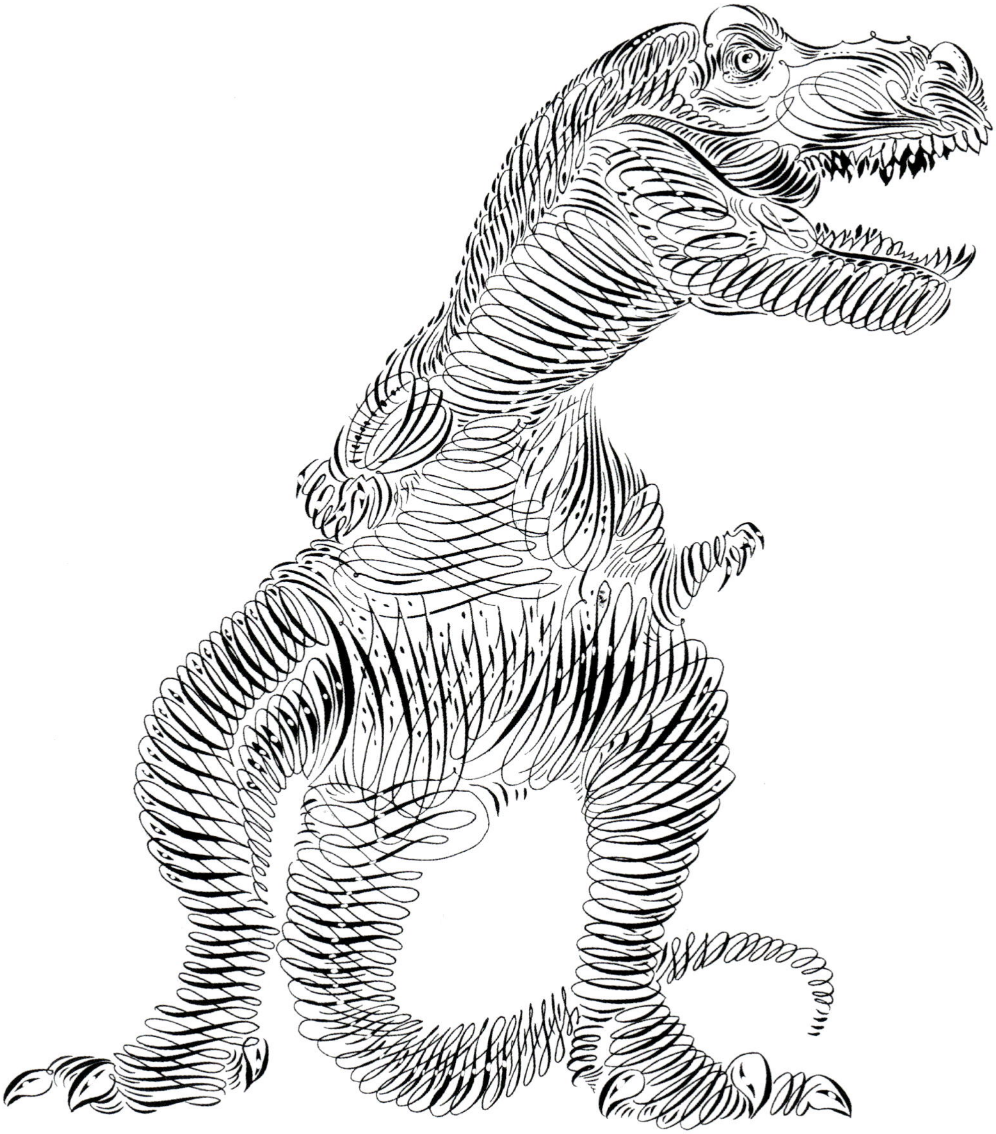

PAPAGEI

Am auffälligsten sind der gebogene Schnabel und die langen Schwanzfedern. Mit schwarzer Tinte können wir keine Farben darstellen. Das gleichen wir durch vielfältige Muster und Texturen aus.

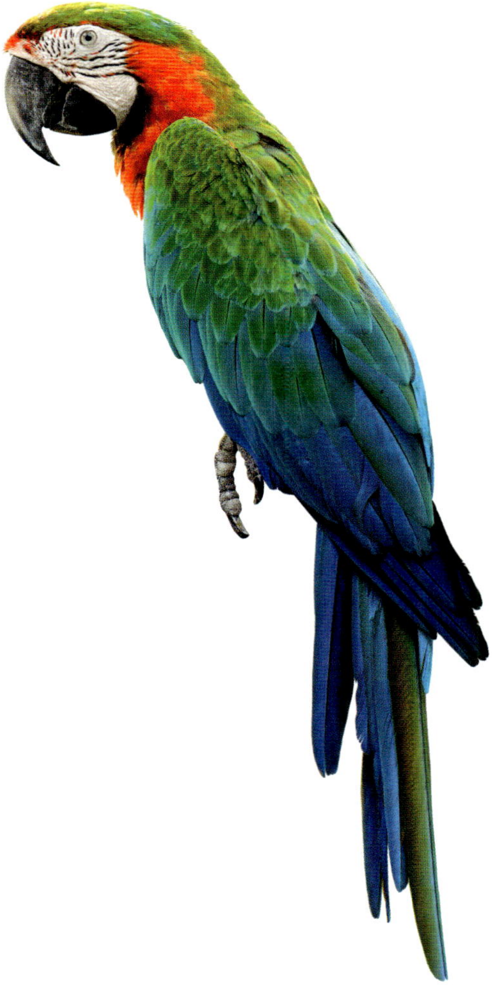

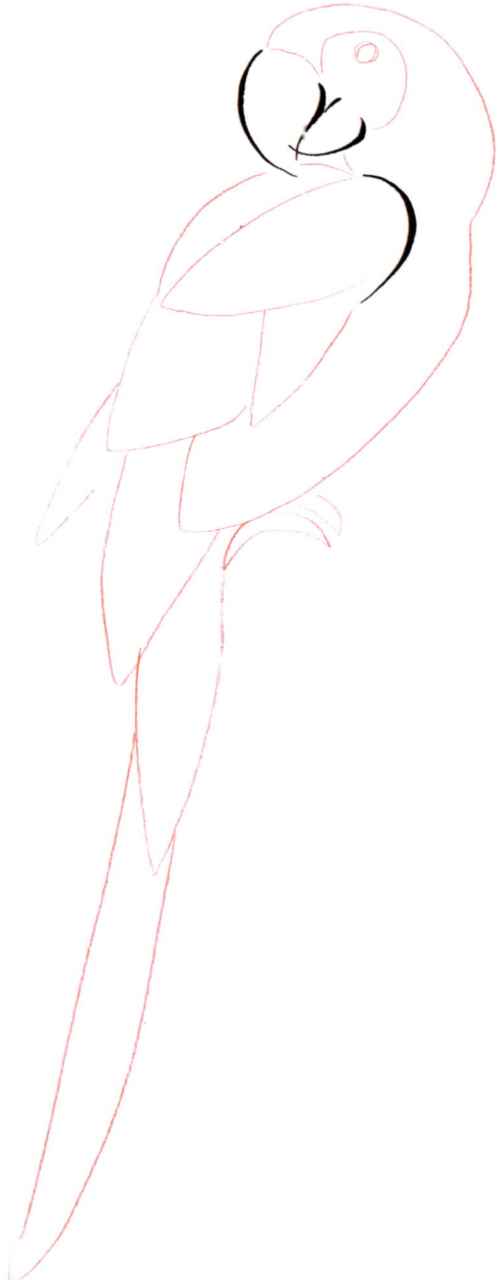

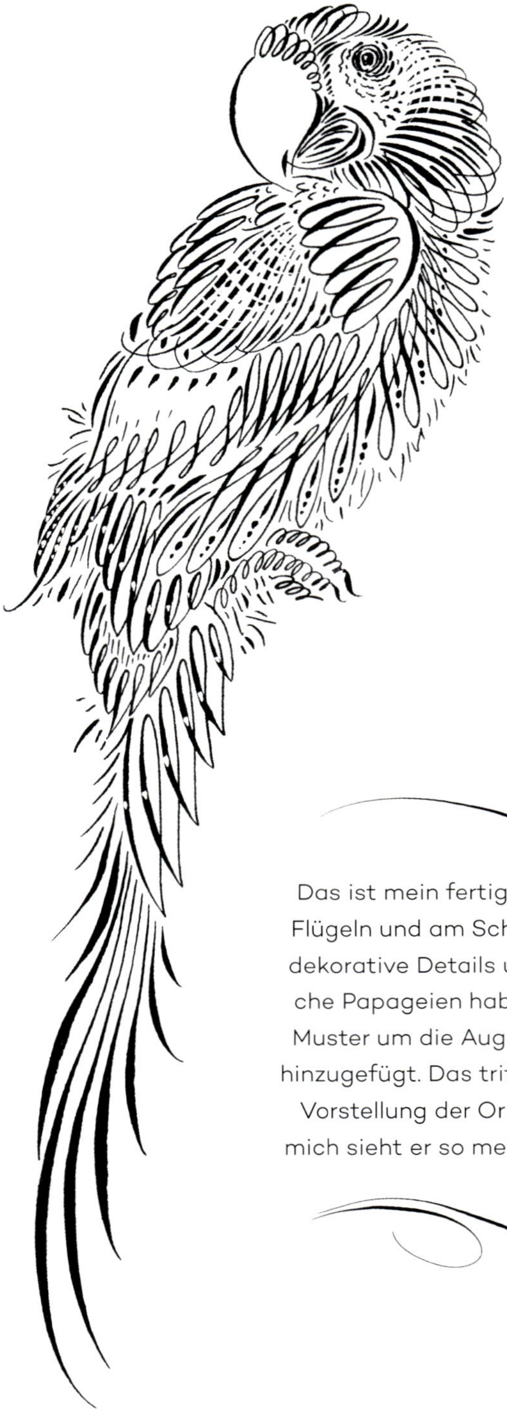

Das ist mein fertiger Papagei. Auf den Flügeln und am Schwanz habe ich viele dekorative Details untergebracht. Manche Papageien haben diese schwarzen Muster um die Augen, also habe ich sie hinzugefügt. Das trifft vielleicht nicht die Vorstellung der Ornithologen, aber für mich sieht er so mehr nach Papagei aus.

EULE

Diesmal bringen wir ein paar Worte in der Zeichnung unter. Auf dem Referenzfoto wirkt die Eule etwas verärgert, ich wollte aber einen freundlichen Gesichtsausdruck.

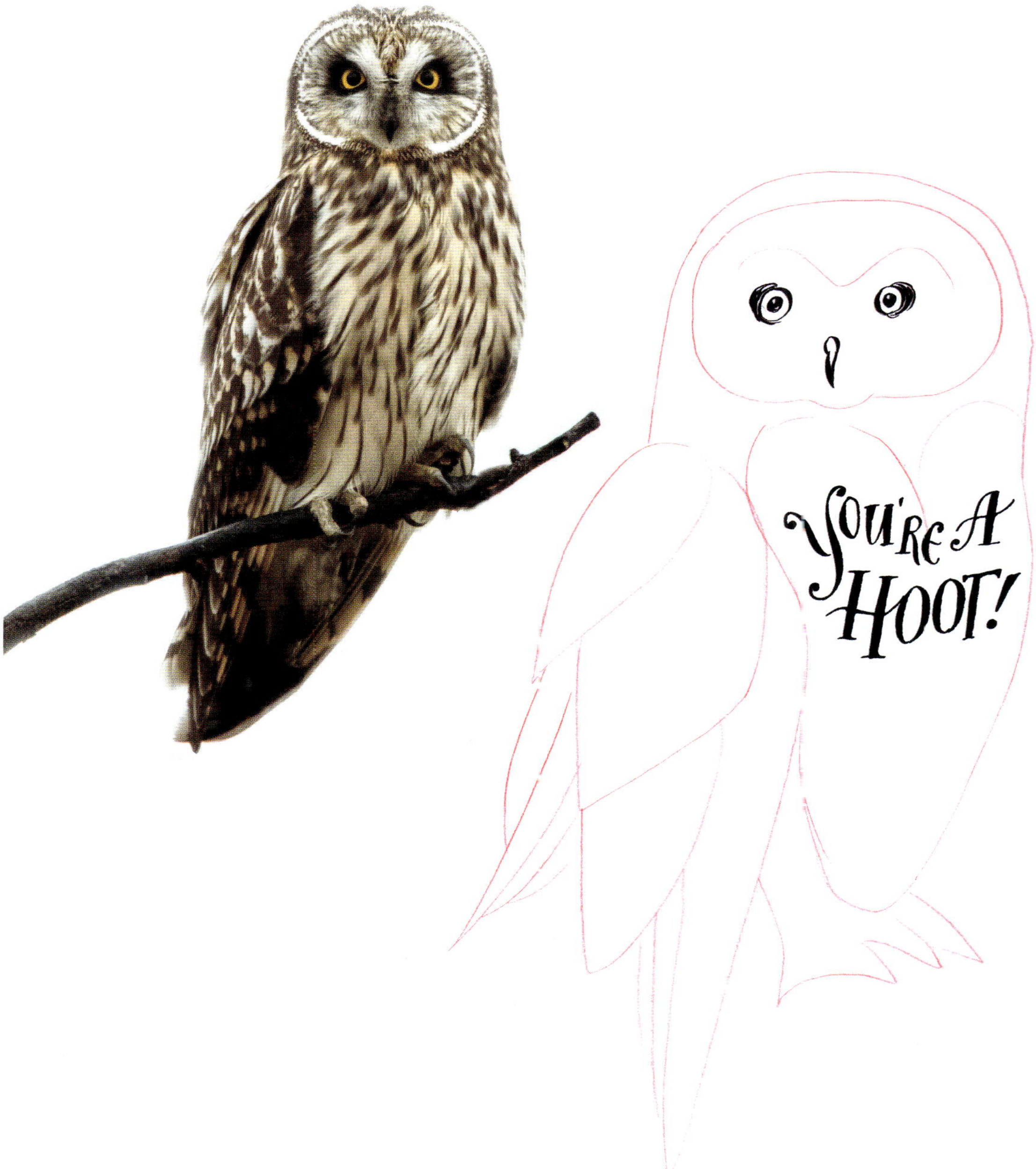

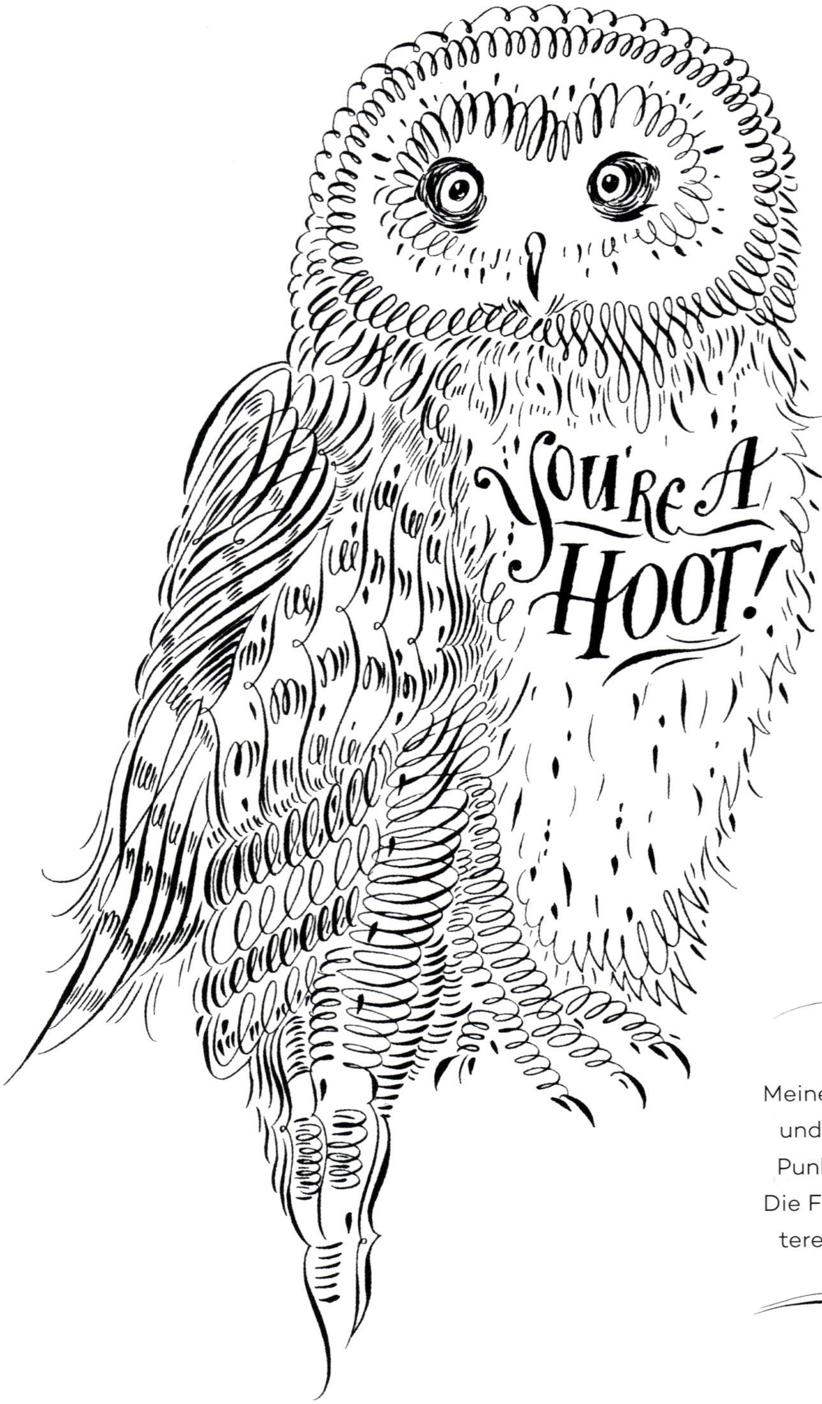

Meine Eule hat niedliche große Augen und einen winzigen Schnabel. Viele Punkte sorgen für die nötige Textur. Die Flügel sind flauschig und mit weiteren wundervollen Mustern gefüllt.

WASCHBÄR

Der massige Körper des Waschbären bietet viel Platz für Lettering.

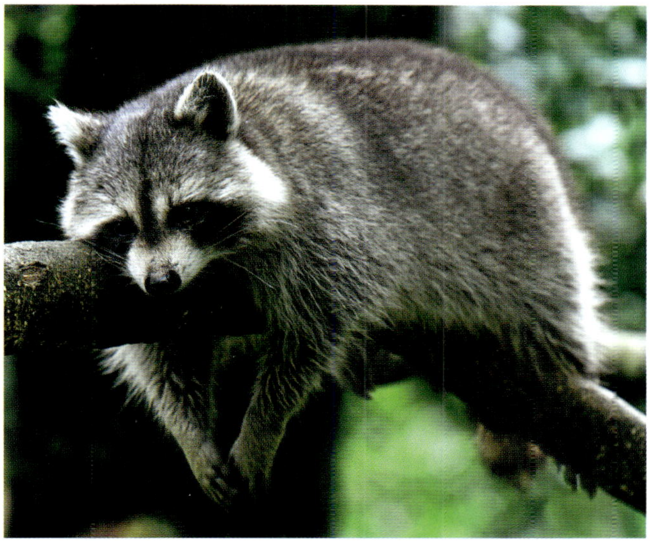

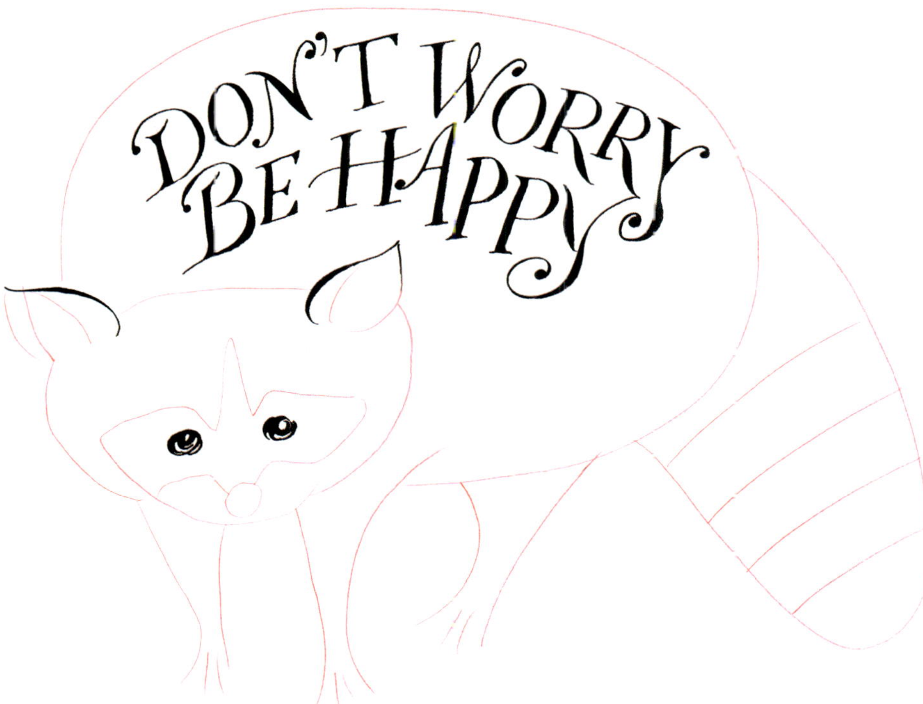

Maske, Augen und Schwanz werden zusätzlich verziert. Für den Text habe ich den Körper schon grotesk vergrößert. Mit etwas weißer Tinte habe ich als besondere Verzierung Punkte in den Text gesetzt.

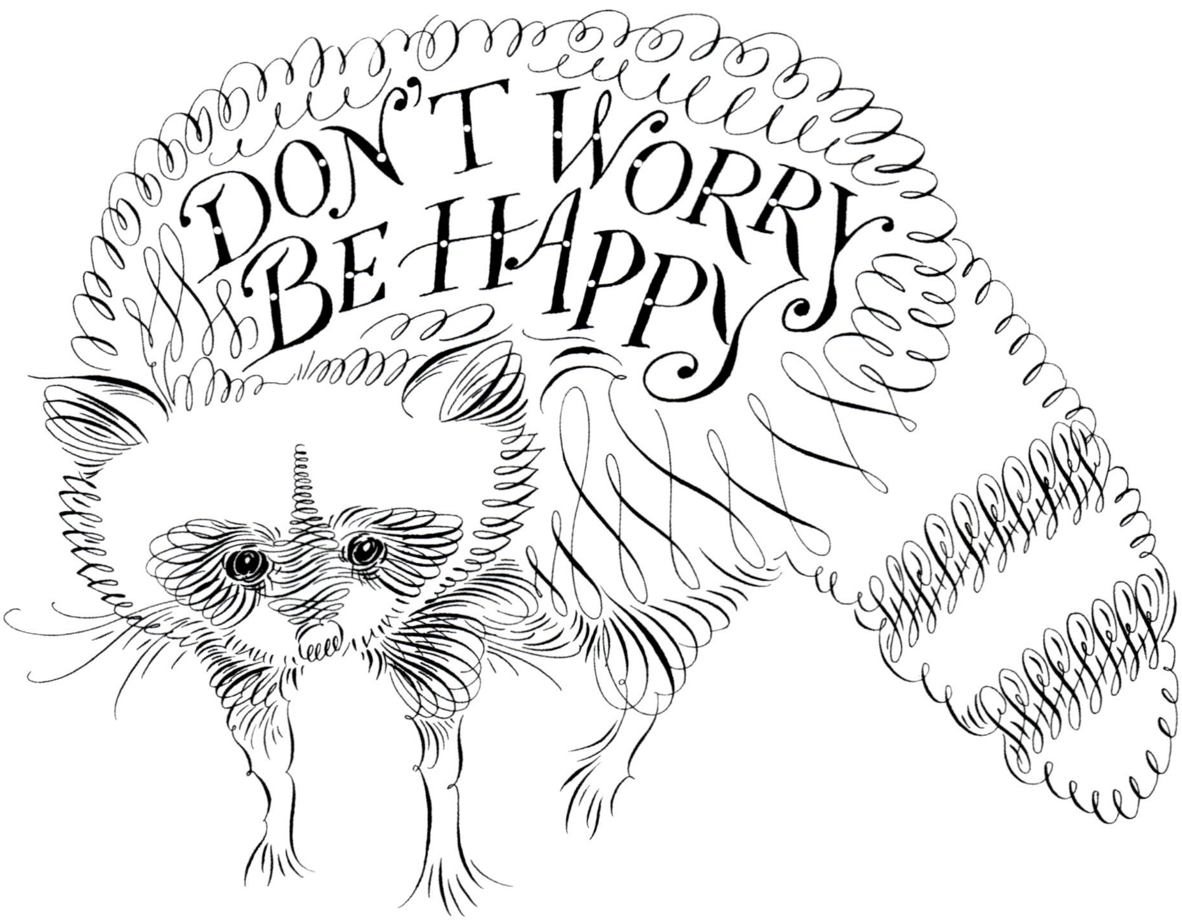

ELEFANT

Der Elefant ist etwas anspruchsvoller zu zeichnen, aber ich denke, inzwischen sind wir bereit dafür. Die auffälligsten Teile sind der Rüssel, die Stoßzähne und natürlich die riesigen Ohren.

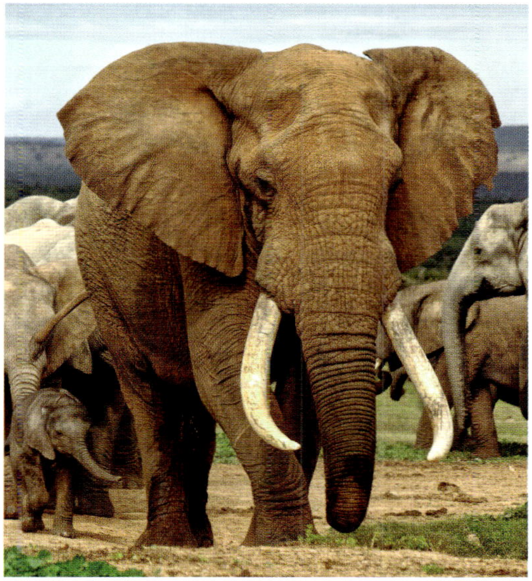

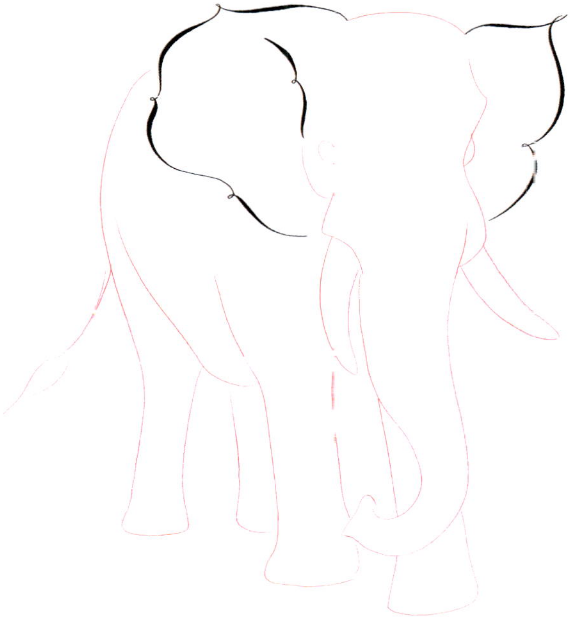

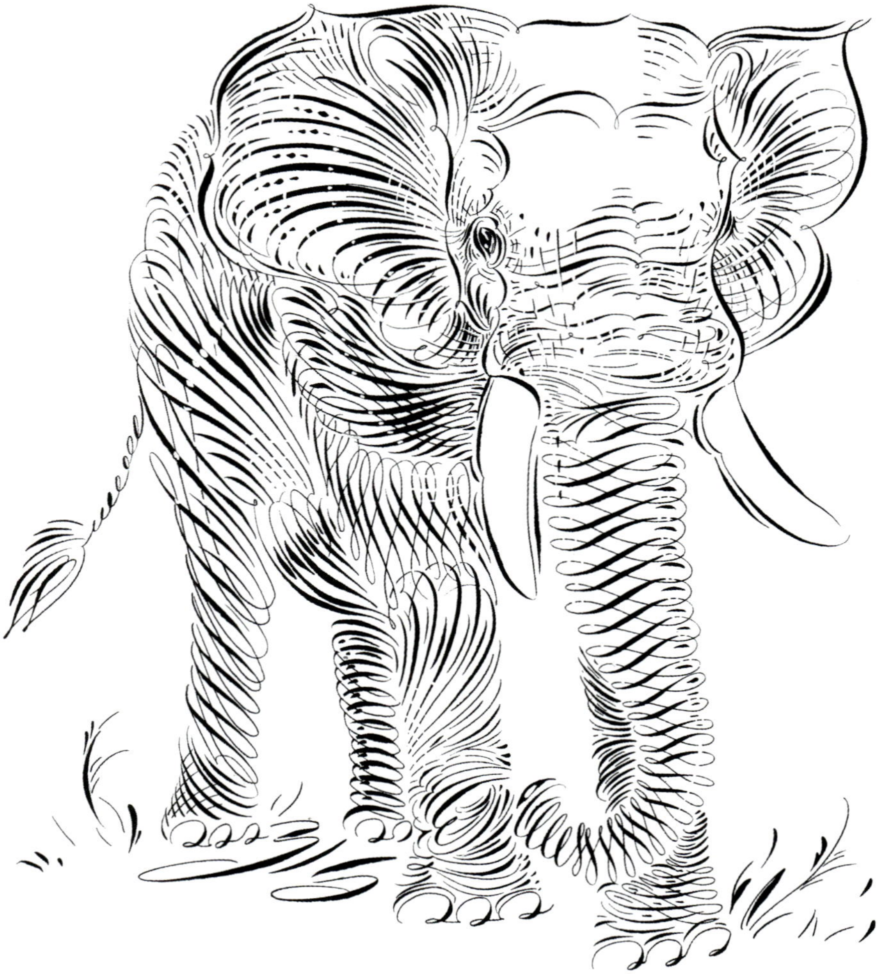

Es hat Spaß gemacht, den Elefanten auszuschmücken. Ich habe am Kopf begonnen und bin über den Rüssel zu den Stoßzähnen gelangt. Bei den Ohren habe ich viel Zeit für fette, große Verzierungen aufgewendet.

Die leicht zerknitterte Textur habe ich erzeugt, indem ich einige der feineren Linien mit weißer Tinte unterbrochen habe. Die Verzierung wirkt zwar unterbrochen, sieht aber gerade deswegen so interessant aus.

WELPE

Dieser niedliche Cavalier King Charles Spaniel bietet sich einfach für ein „I love you" an, oder nicht?

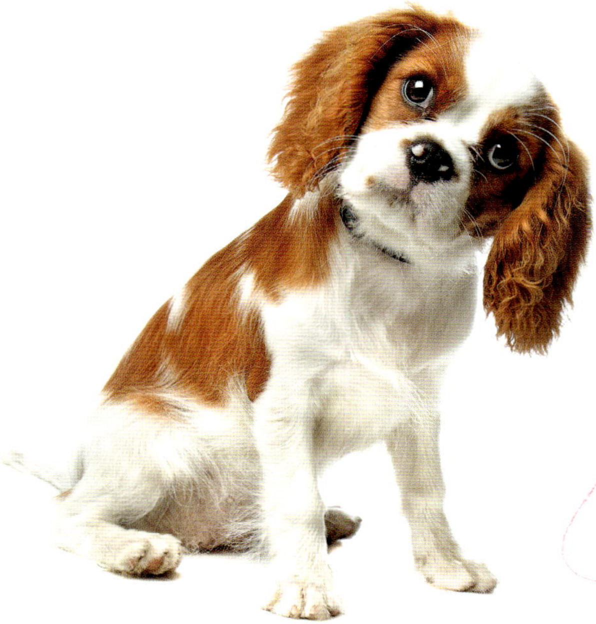

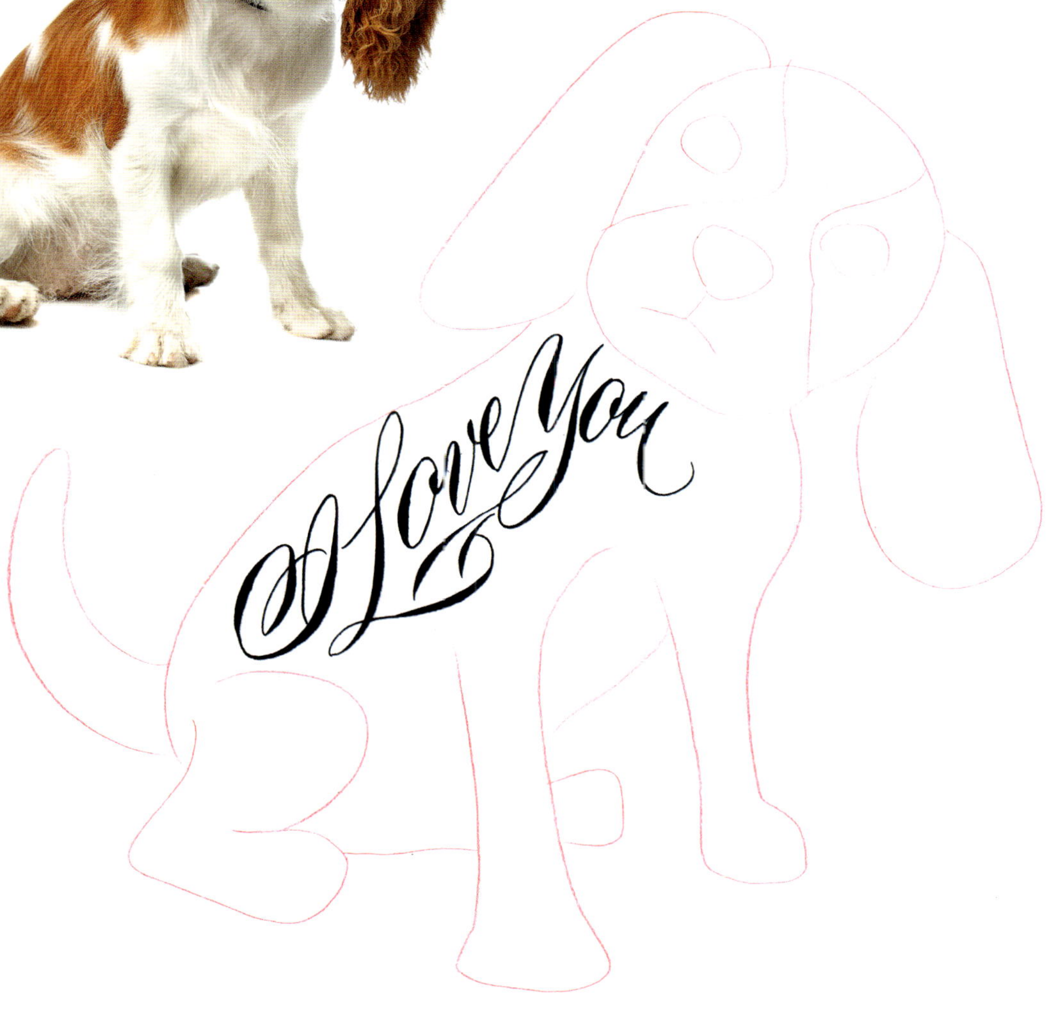

Ja! Ich habe ihm große runde Augen und eine herzförmige Schnauze gegeben. In den Verzierungen habe ich auch ein paar Herzen untergebracht. Können Sie sie sehen?

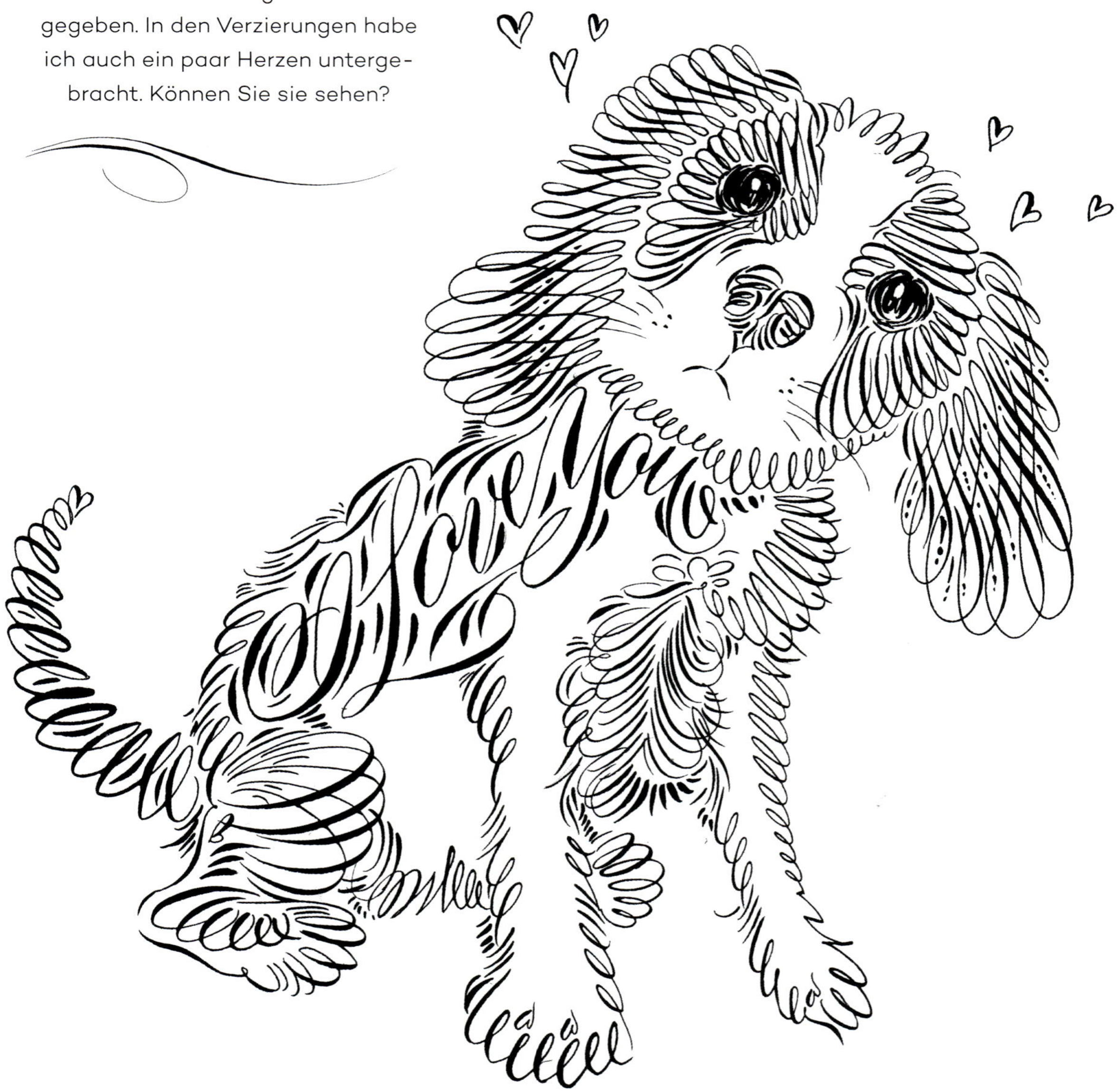

KANINCHEN

Wo wir schon bei niedlichen Tieren sind, nehmen wir doch ein Kaninchen. Gut so?

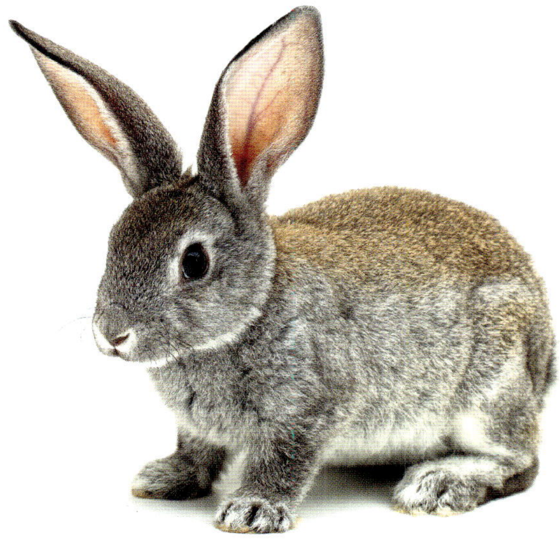

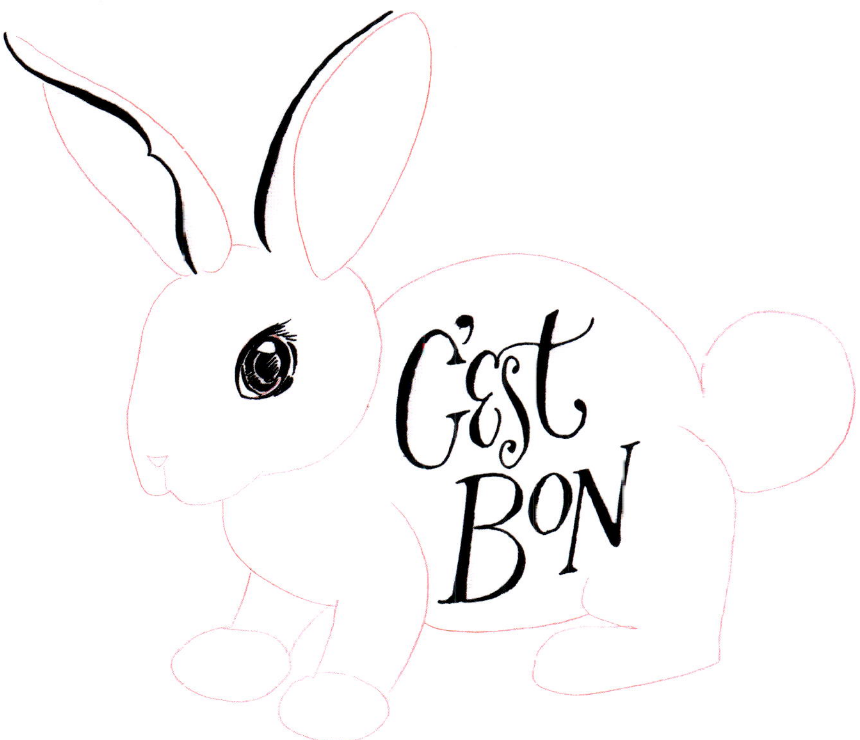

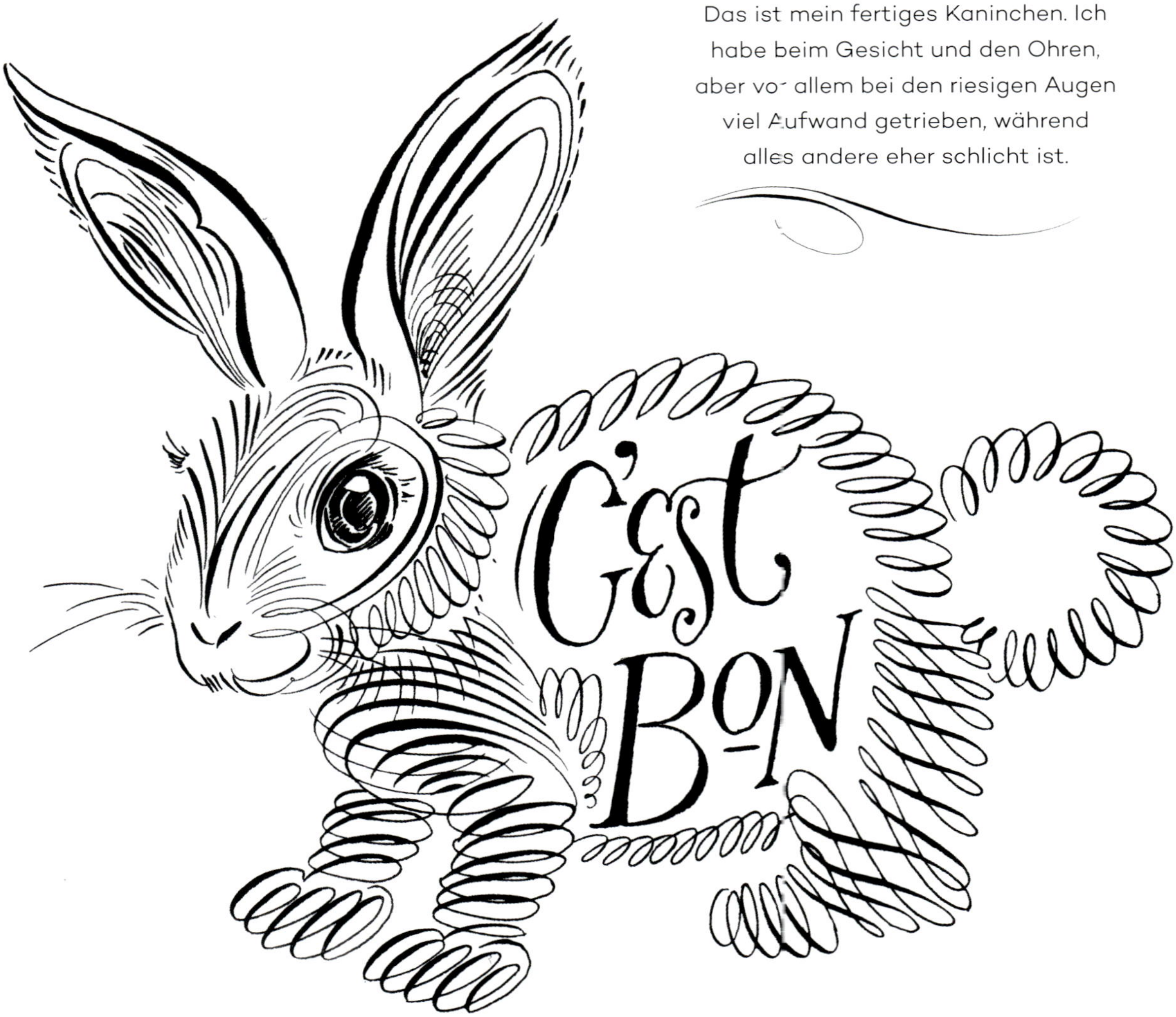

Das ist mein fertiges Kaninchen. Ich habe beim Gesicht und den Ohren, aber vor allem bei den riesigen Augen viel Aufwand getrieben, während alles andere eher schlicht ist.

FUCHS

O.K., versuchen wir uns an einem Fuchs. Die wichtigsten Merkmale sind die spitzen Ohren und der buschige Schwanz, der sich zum Verzieren geradezu anbietet.

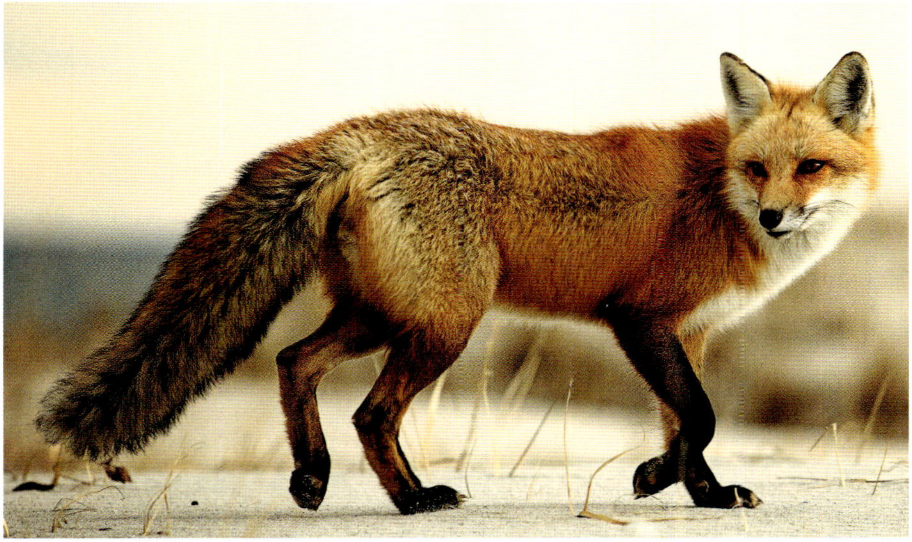

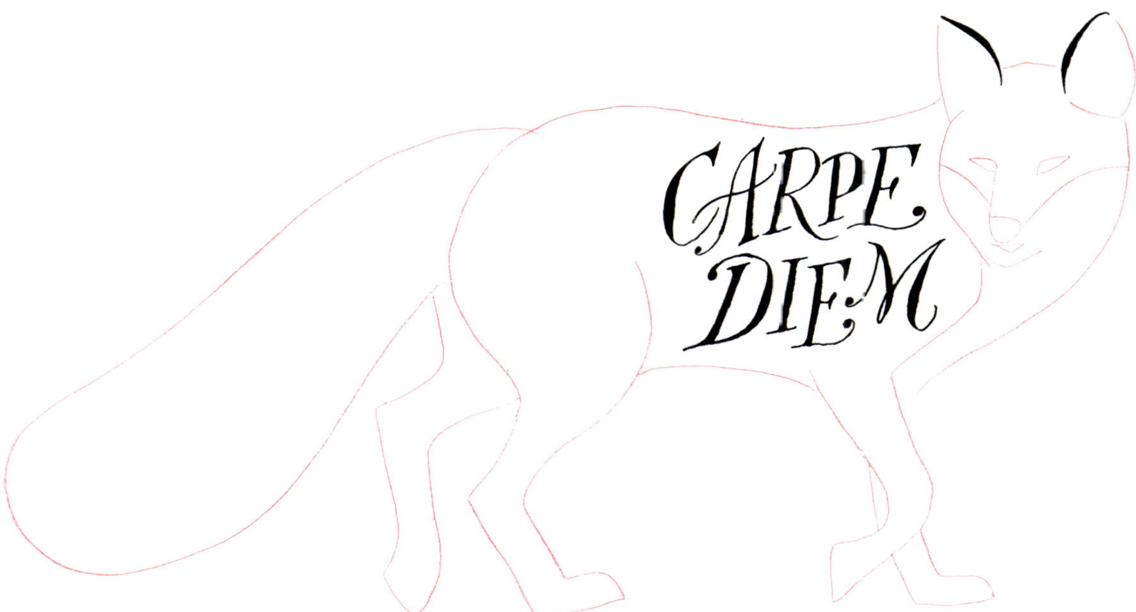

Zu beachten sind die Maske, die etwas dunkler sein sollte, sowie die spitzen Ohren und der buschige Schwanz. Und vergessen Sie die langen Schnurrhaare nicht.

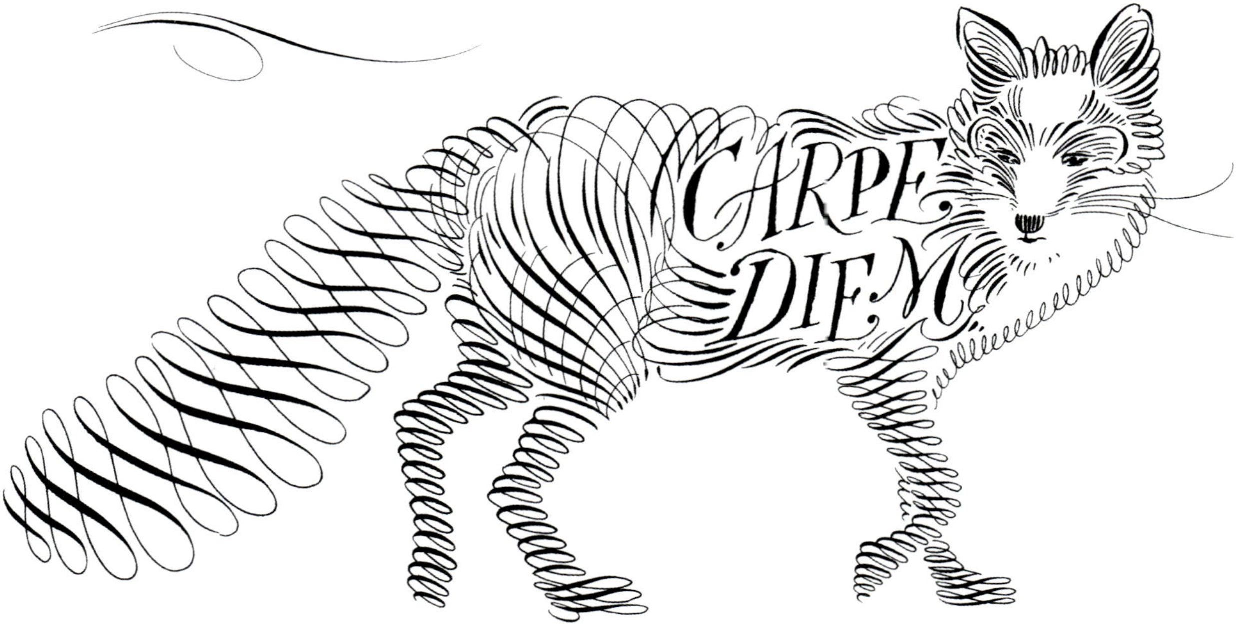

ZEBRA

Bei Zebras und anderen gestreiften Tieren zeigen die Streifen Ihnen, wo die Verzierungen hingehören.

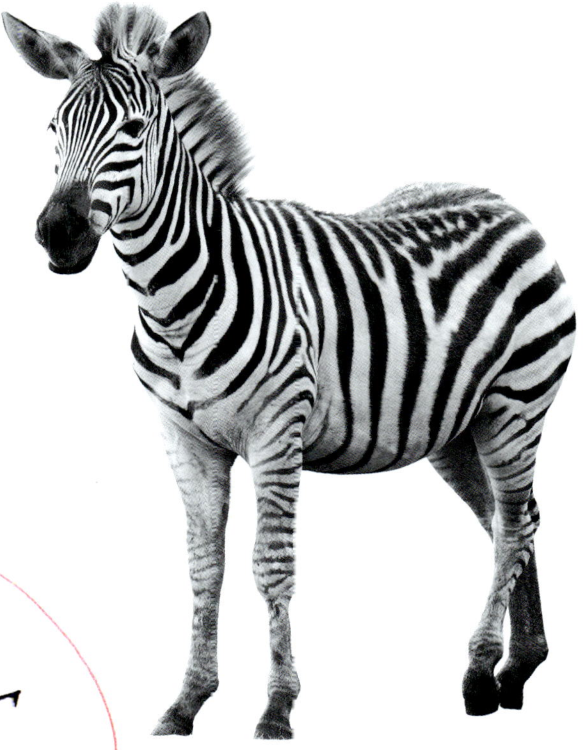

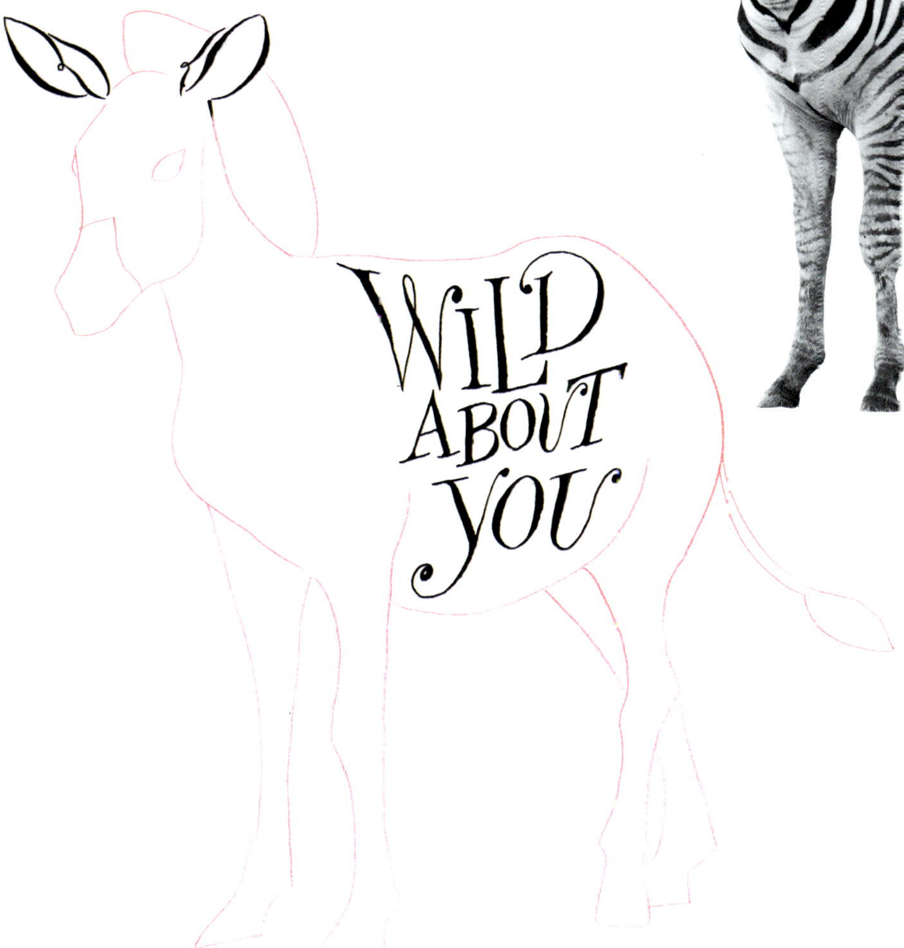

Hat das nicht Spaß gemacht? Am schwierigsten fand ich das Maul, die dunkelste Partie beim Zebra. Und vergessen Sie nicht den Schwanz!

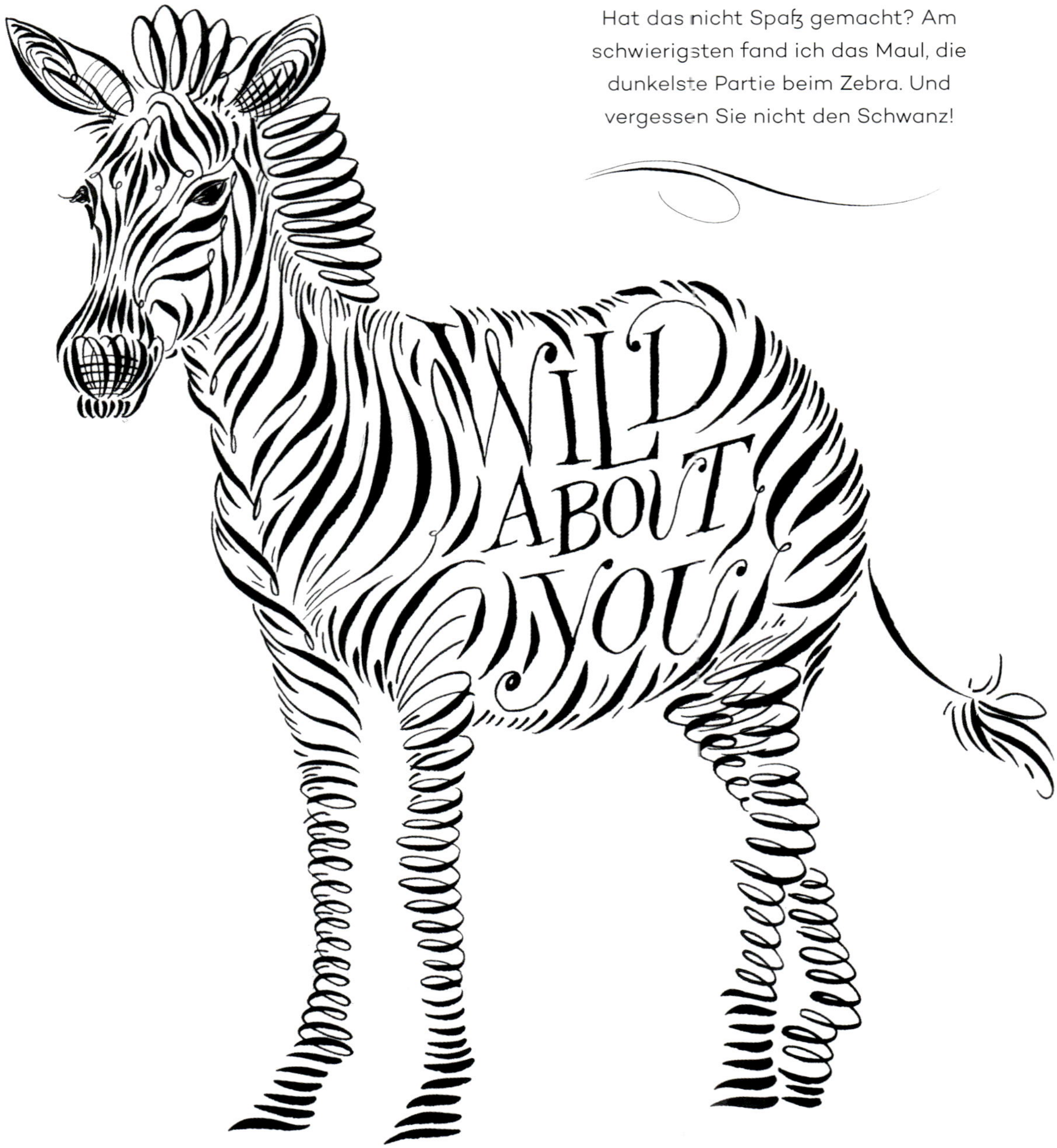

ERMUTIGUNG

Es gibt keine Regeln. Wirklich nicht. Wie Ihre Schrift sind Verzierungen oft sehr persönlich und stilisiert. Ihr Zebra oder Ihr Kaninchen kann ganz anders aussehen als meines, und das ist in Ordnung! Machen Sie es auf Ihre Art und finden Sie Ihren Ausdruck.

Denken Sie auch daran, sich beim Üben keine Bilder anderer Künstler anzusehen. Das lenkt ab. Sie fangen an, deren Verzierungen bis ins kleinste Details zu analysieren und fertigen dann nur Kopien. Lassen Sie sich inspirieren, aber dann schließen Sie das Buch oder die Instagram-Seite, atmen tief durch und gehen das leere Blatt Papier auf Ihre ganz eigene Art an. Das Ergebnis ist dann authentisch. Authentizität sollten Sie anstreben, üben und in Ihrem eigenen Stil pflegen.

„Das Streben nach Exzellenz motiviert,
das Streben nach Perfektion demoralisiert.“
—Harriet Beryl Braiker

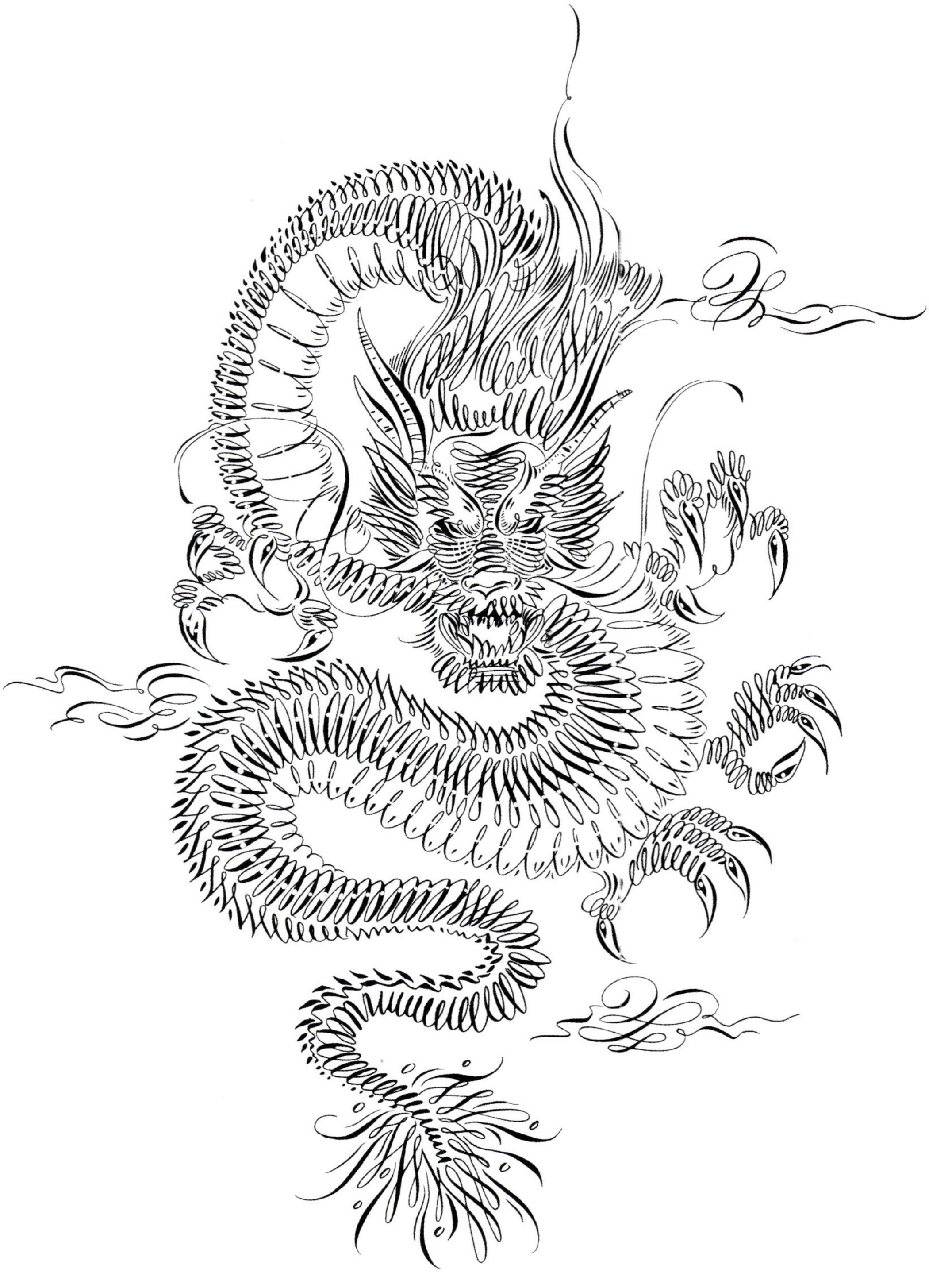

GALERIE

Hier finden Sie einige meiner Arbeiten. Ich hoffe, sie sind beim Verzieren eine Inspiration für Sie.

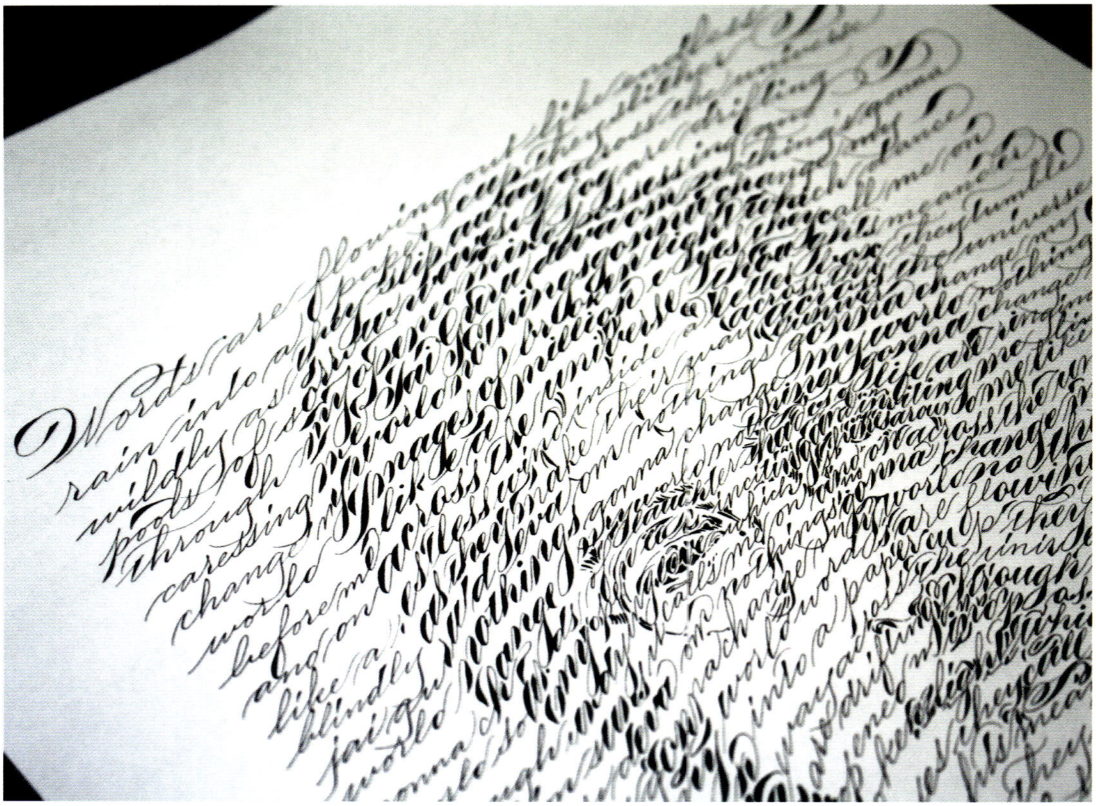

Für dieses kalligrafische Porträt von John Lennon benutzte ich den wunderbaren Songtext von „Across the Universe“. Wenn Sie genau hinsehen, erkennen Sie, dass das linke Auge aus dem Wort „Love“ geformt wird.

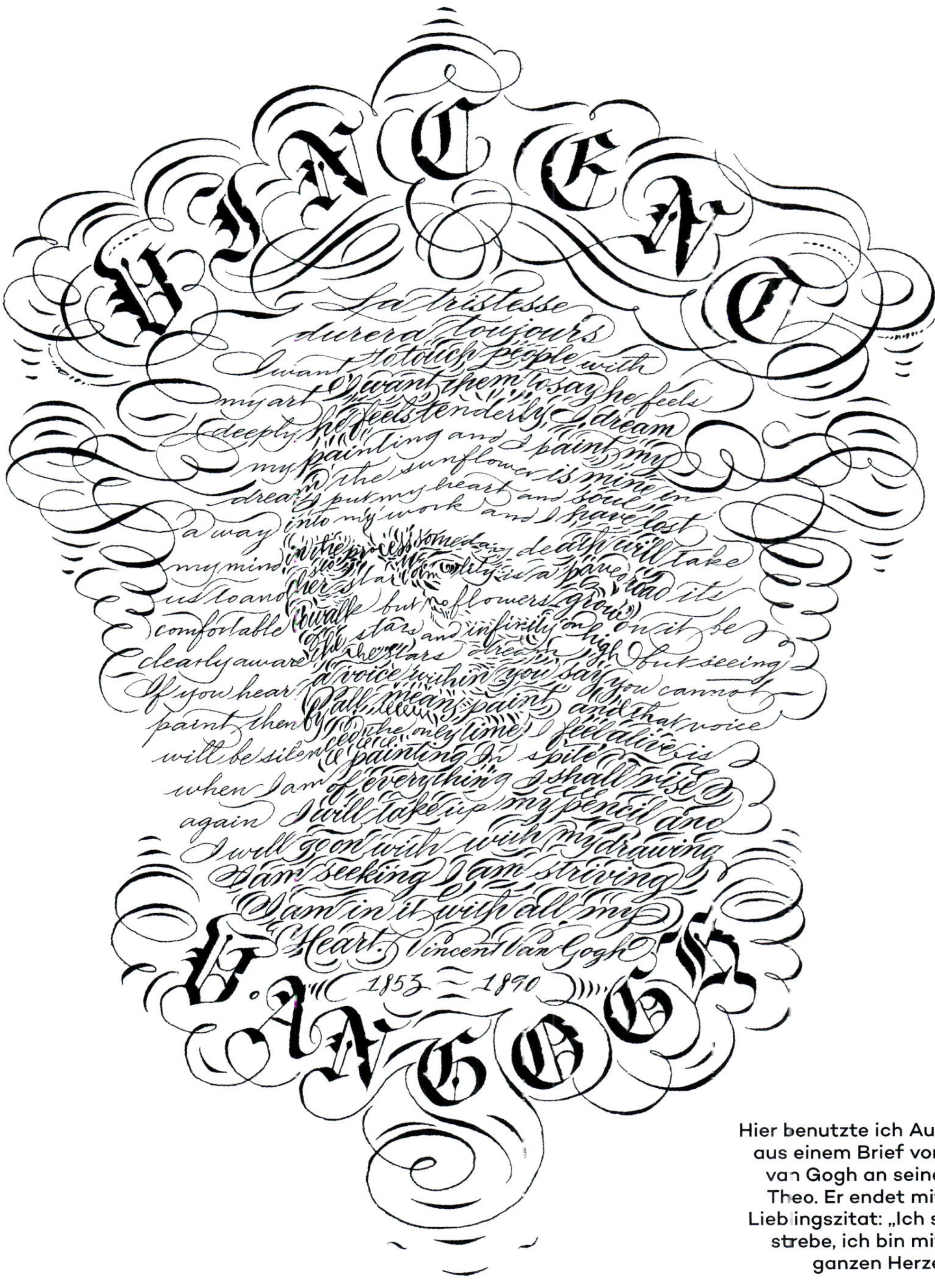

Hier benutzte ich Ausschnitte aus einem Brief von Vincent van Gogh an seinen Bruder Theo. Er endet mit meinem Lieblingszitat: „Ich suche, ich strebe, ich bin mit meinem ganzen Herzen dabei."

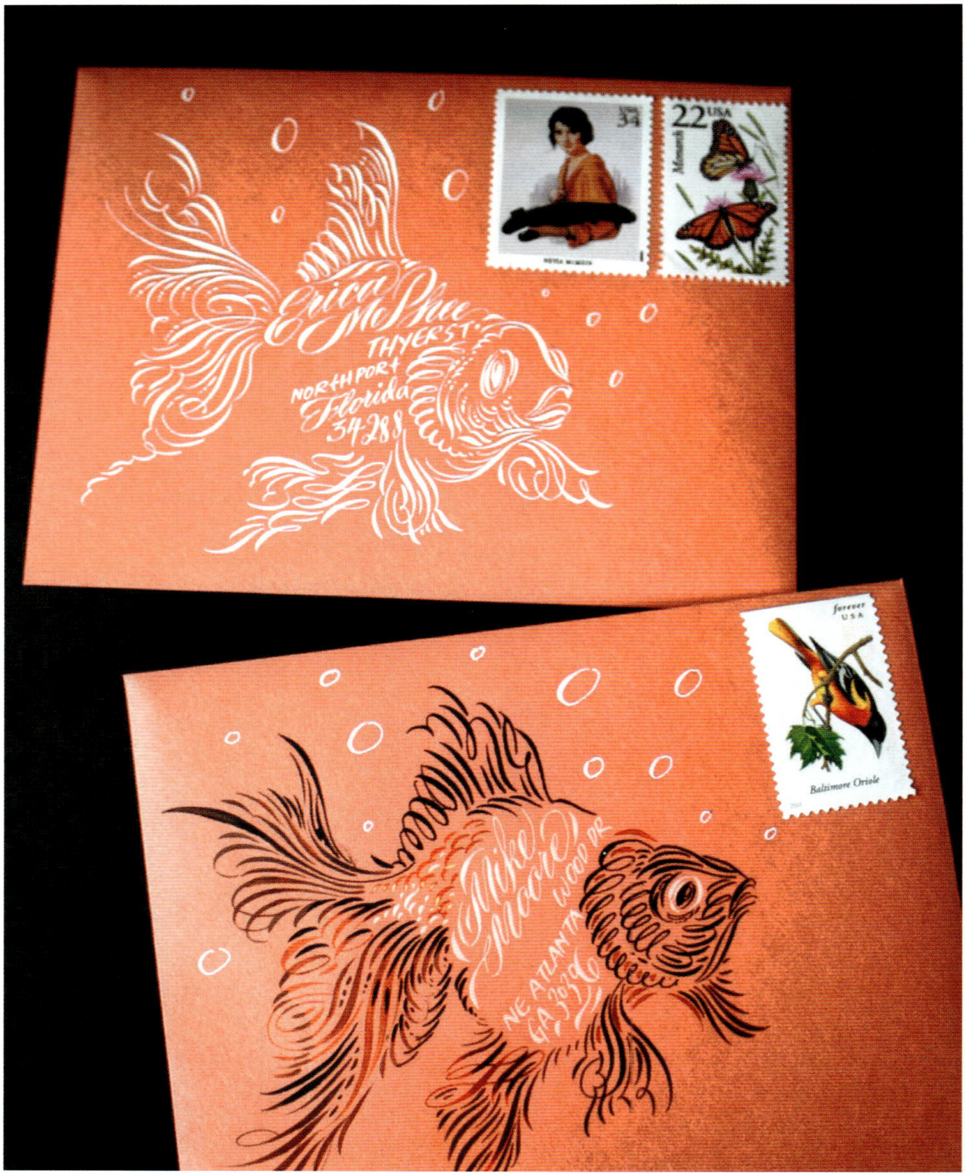

Diese Umschläge mit Goldfischen habe ich für zwei liebe Freunde gestaltet. Ich schreibe und dekoriere gern Briefe an Freunde – wir wollen unsere Briefkästen von der Vorherrschaft der Rechnungen und Werbepost befreien.

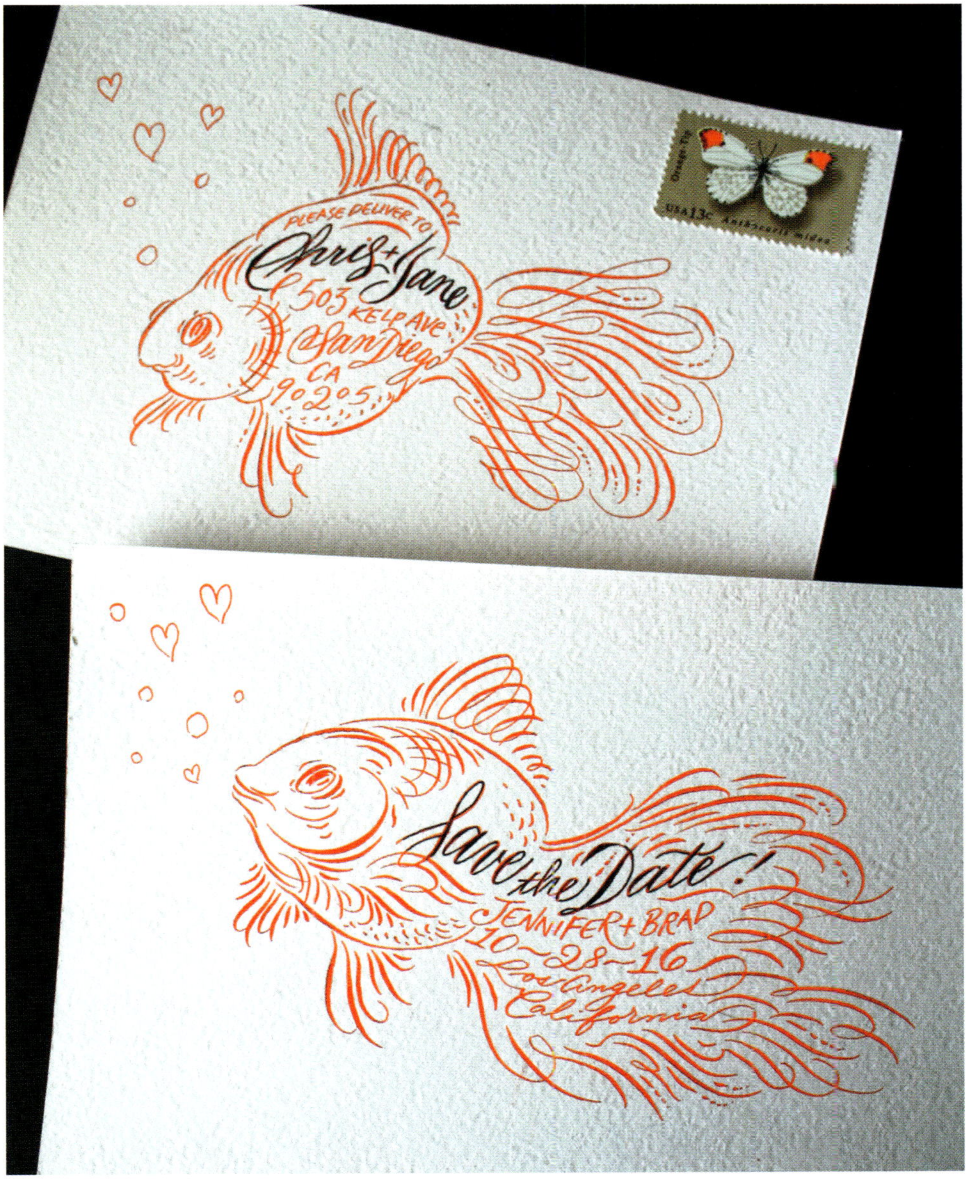

Dieses war ein Einladungsbrief mit passenden Umschlägen im Goldfisch-Design.

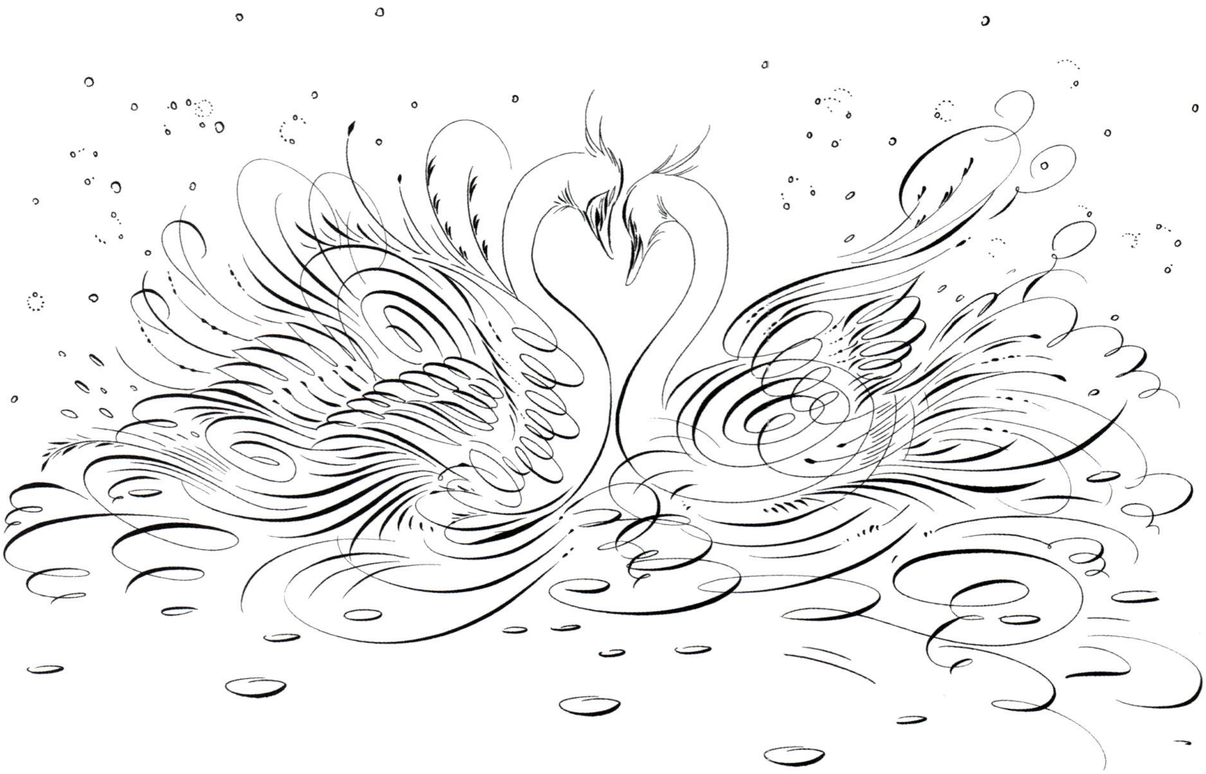

Schwäne lassen sich wunderbar zeichnen. Wichtig ist ein langer, eleganter Hals, dann kann der Rest des Körpers und der Flügel aus einem Strudel von Strichen bestehen. Diese Schwäne habe ich für den Valentinstag gezeichnet.

Dieses Muster entstand für die Ausstellung *Arms and Armor* (Waffen und Rüstungen) im Jahr 2017 in Chicago.

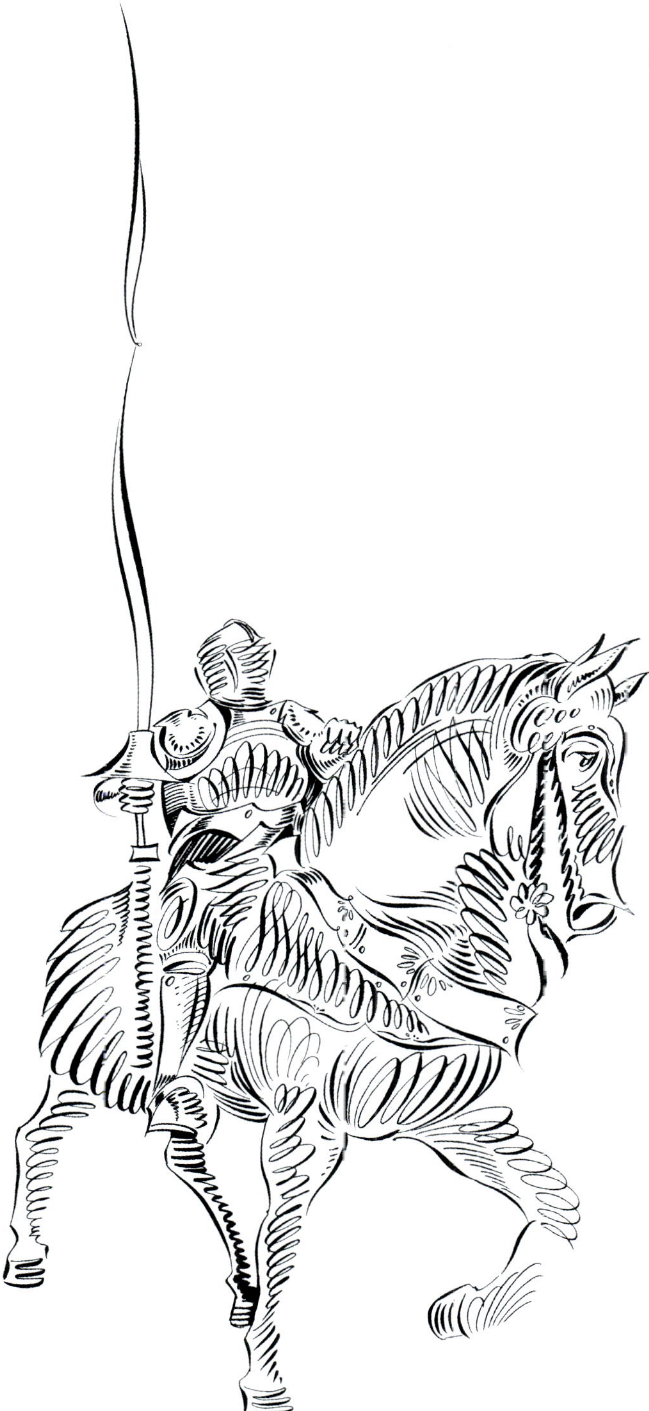

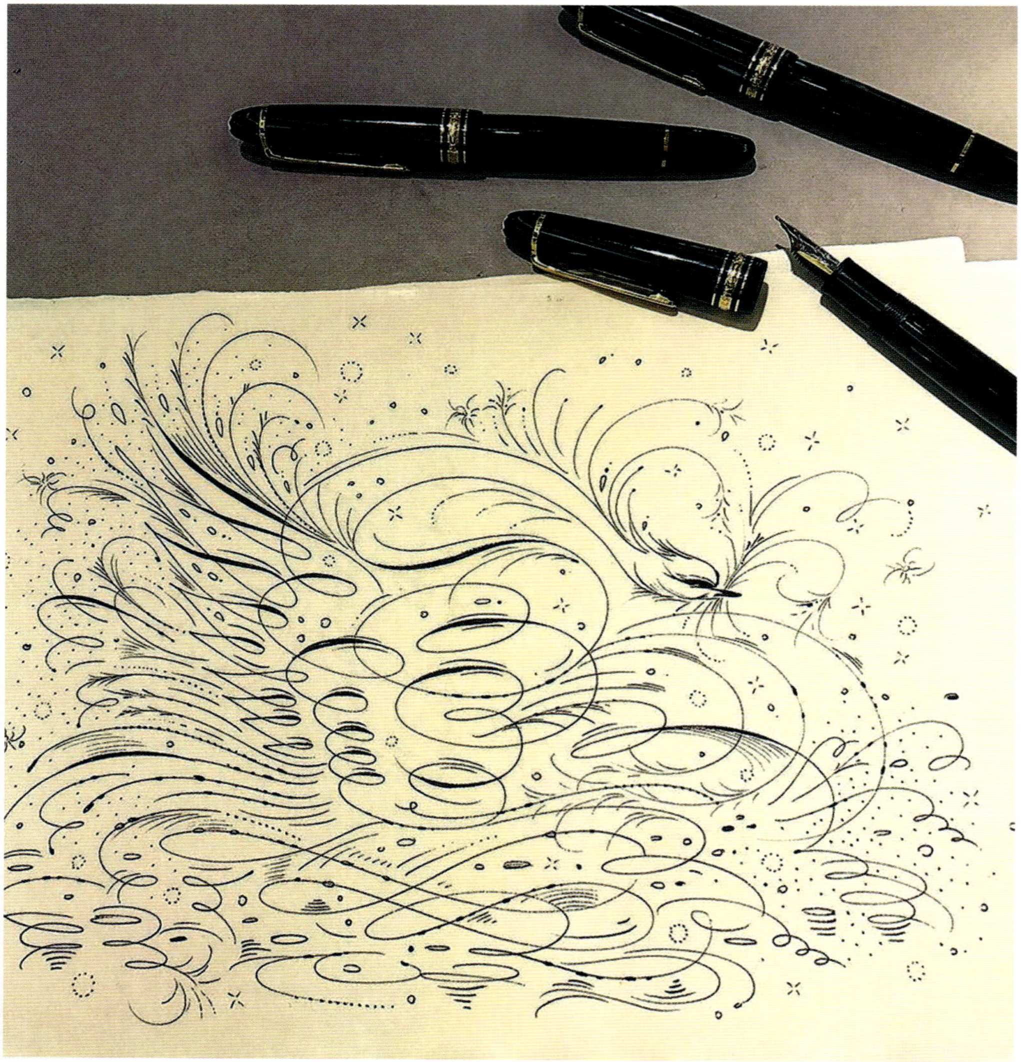

Für diesen Schwan habe ich einen unflexiblen Füllfederhalter benutzt. Die Linien habe ich für die Schattierung zweimal gezogen, sodass es aussieht wie von einer flexiblen Feder gezeichnet.

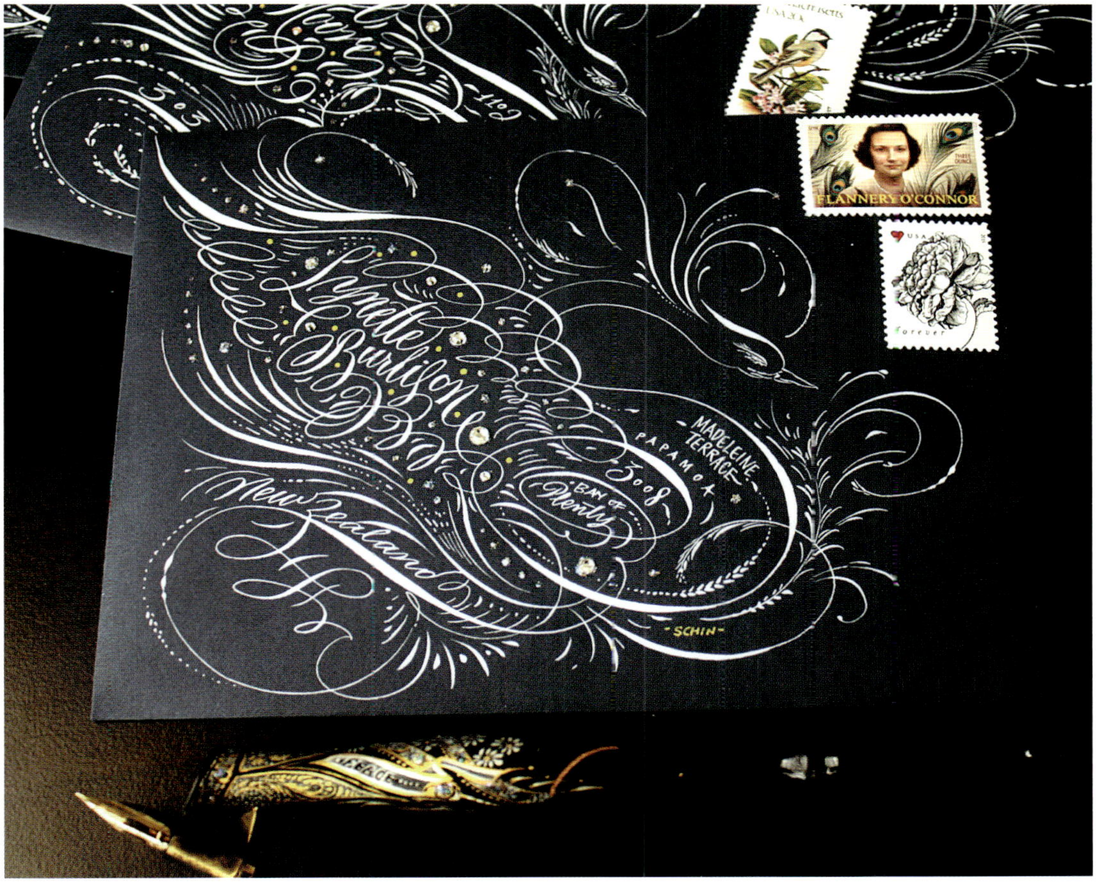

Das sind ein paar meiner aufwendigeren Umschläge … und alle sind angekommen. Dafür gebührt dem Briefträger mein herzlichster Dank.

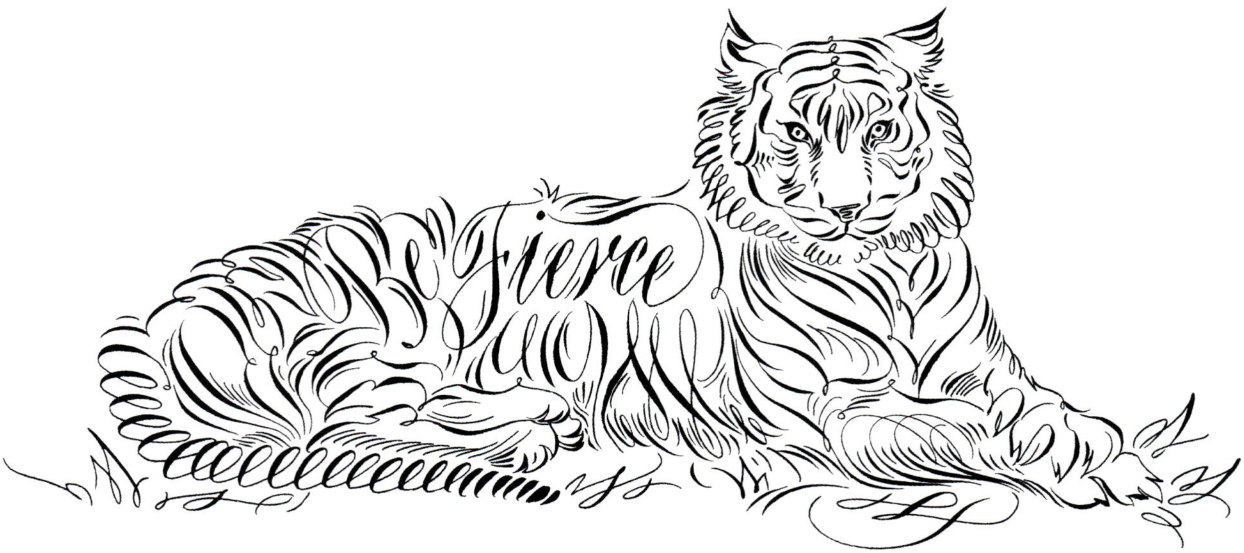

Sie können nicht immer der Beste sein, aber Sie können stets Ihr Bestes geben. Ich war in der Kunst immer kühn und leidenschaftlich, unabhängig vom endgültigen Ergebnis. Seien Sie leidenschaftlich!

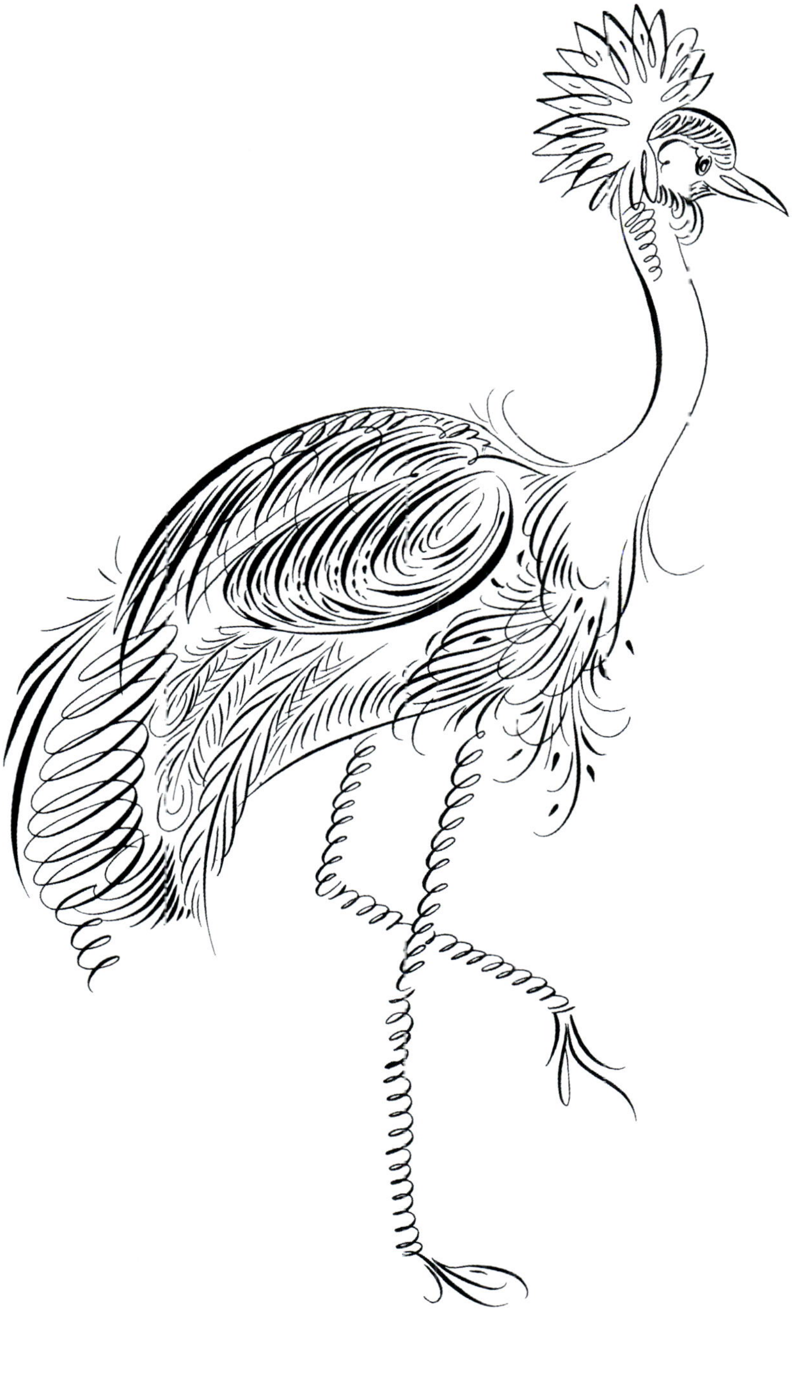

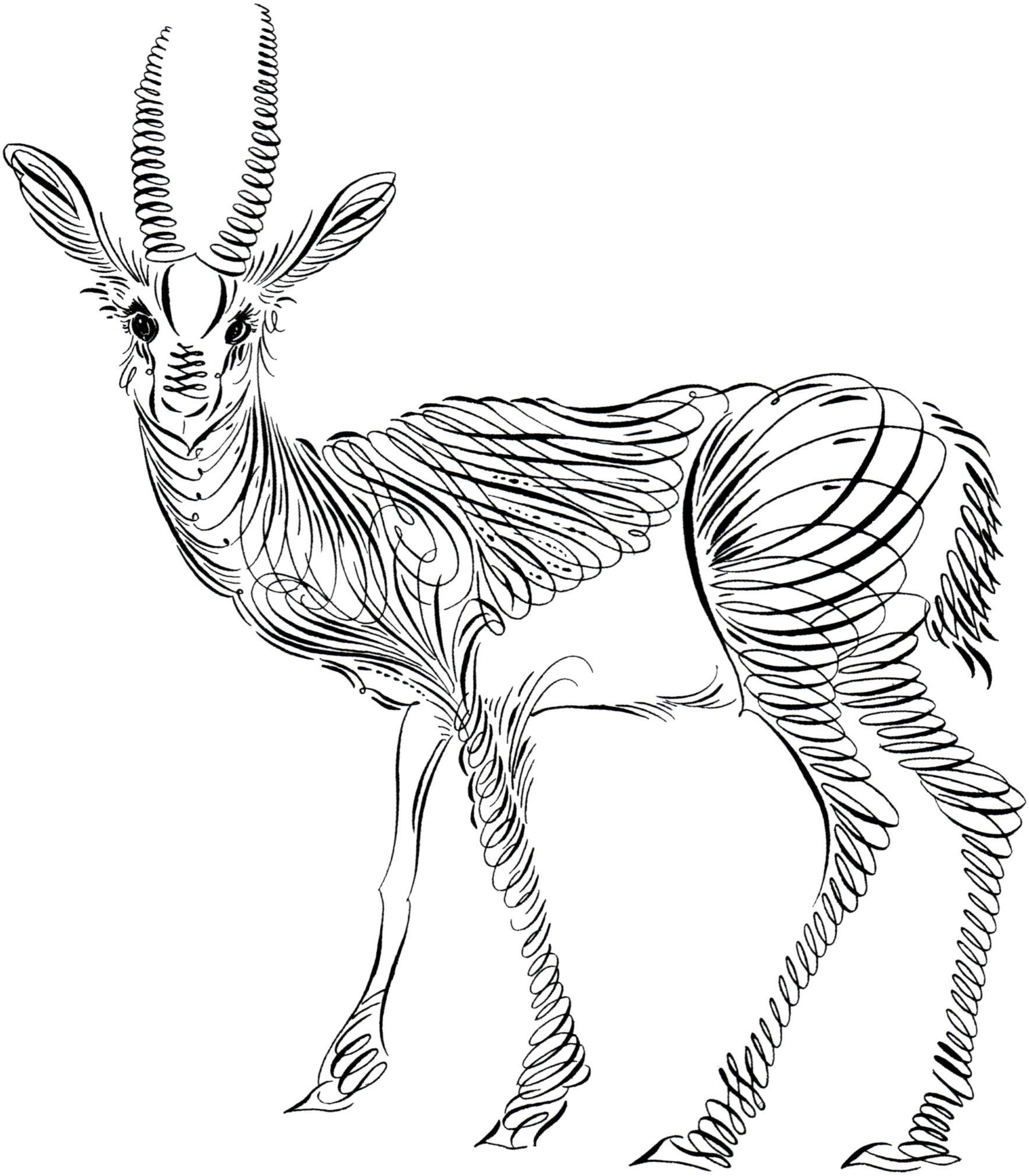

DANKSAGUNG

Meine Liebe und mein Dank für alles gilt meinen Eltern Jeem Er und Tian Hong. Meinem Mentor Michael Sull für seine Ermutigung und Anleitung.

Sarah Dooley, einer großartigen Zuhörerin und Freundin.

Meinen Freundinnen Sylvia, Valarie, Elsa und Melissa, die immer da sind.

Jim für die Ermutigung und Unterstützung.

An IAMPETH (International Association of Master Penmen, Engrossers and Teachers of Handwriting) für die Bewahrung der amerikanischen Schreibkunst und die Arbeiten der Meister, die mich immer wieder verblüfft und inspiriert haben: Louis Madarasz, E. A. Lupfer, C. P. Zaner, E. W. Bloser, Daniel T. Ames und viele andere.

An die Fabulous Las Vegas Scribes und alle Freunde von Kalligrafie, Lettering und Schreibkunst. An Judith und Marissa – für die Chance und die Anleitung und das wunderbare Design.

ÜBER DIE AUTORIN

Schin Loong ist professionelle Künstlerin und Kalligrafin mit einem Bachelor of Fine Arts des Ringling College of Art & Design.

Ihre Kalligrafien sind erschienen in *Martha Stewart Weddings*, *BRIDES*, in den Magazinen *Southern Weddings* und *Pen World*. Zu Loongs Klienten gehören Louis Vuitton, Anthropologie, Opus Place Atlanta und das Art Institute of Chicago sowie diverse Hochzeitsplaner, Privatpersonen und Firmen.

Neben der Arbeit an Lettering-Projekten spielt sie Klavier und Flipper und auch mit ihrem Hund Wuffles.

Shin Loong lebt in Las Vegas, Nevada, und unterrichtet dort Kalligrafie. Erreichbar ist sie über ihre Website *openinkstand.com*.